高校英语教师职业发展研究

刘先林◎著

吉林出版集团股份有限公司
全国百佳图书出版单位

图书在版编目（CIP）数据

高校英语教师职业发展研究 / 刘先林著 . -- 长春：吉林出版集团股份有限公司 , 2024. 12. -- ISBN 978-7-5731-6104-8

Ⅰ . H319.3

中国国家版本馆 CIP 数据核字第 2024U39E09 号

高校英语教师职业发展研究

GAOXIAO YINGYU JIAOSHI ZHIYE FAZHAN YANJIU

著　　者	刘先林
责任编辑	赵　萍
封面设计	张　肖
开　　本	710mm×1000mm　　1/16
字　　数	200 千
印　　张	12.25
版　　次	2025 年 3 月第 1 版
印　　次	2025 年 3 月第 1 次印刷
印　　刷	天津和萱印刷有限公司

出　　版	吉林出版集团股份有限公司
发　　行	吉林出版集团股份有限公司
地　　址	吉林省长春市福祉大路 5788 号
邮　　编	130000
电　　话	0431-81629968
邮　　箱	11915286@qq.com
书　　号	ISBN 978-7-5731-6104-8
定　　价	74.00 元

版权所有　翻印必究

前　言

进入 21 世纪以来，国家陆续颁布了一系列与教育相关的政策，这些政策说明了我国对基础教育和教师职业发展的重视。我国是外语教育大国，由于英语在我国是作为外语而非第二语言来学习的，因此英语学习以课堂教学为主，学生学习主要依赖教师在教室里提供大量可理解性语言输入与活动指导。由于英语教师的专业知识素养直接关系到我国英语教育的整体质量与成效以及学生英语水平的提高，因此，英语教师的职业发展一直以来都是教育界关注的热门话题。

高校英语教师是整个英语教学工作的重要引导者，是推动英语教学工作深入开展的关键力量。高校英语教师要立足于自身的教学科研岗位，不断提升自身的专业素养，要以全新的能力以及全新的发展视野来服务于英语教学，还要给予学生正确的引导和帮助，促使学生更好地投身于英语学习的实践中。学生是英语学习的主体，当前学生在英语学习的过程中，尚存在着一定的问题与不足，亟待教师采用科学的方法来予以优化，运用精细化的教学策略来予以改进。这就要求高校英语教师不仅要提高自身的专业素养，还要注重提升自身的职业发展水平。比如，高校英语教师应该具备灵活且科学的课堂管控能力，具备增强学生兴趣的能力，以便更好地提高课堂效率，切实给予学生精细化的发展引导。

对于高校英语教师而言，他们的职业发展路径是多元化的，既包括高校英语教师自身的努力，也包括学校提供的多元化培训和监督考核机制体系等，在内外因共同作用下，高校英语教师得以高质量发展，得以整体优化自身的发展能力。高校英语教师在职业发展的过程中，应该注重充分调动自身的主观能动性，充分发挥自身的潜能，科学更新教学观念，不断实现自主学习，切实运用好信息技术手段，以便全面提高自身的专业素养和整体能力。

本书第一章为高校英语教师职业发展概述，分别从高校英语教师职业发展的目标确立、高校英语教师职业发展的特点、高校英语教师职业发展的时期、高校英语教师职业发展的教育家精神四个方面展开介绍；第二章为高校英语教师职业发展的必备素养，主要介绍了四个方面的内容，依次是教师职业理念与道德、教师职业知识、教师职业能力、教师职业性向；第三章为高校英语教师职业发展的理论依据，分别从心理发展理论、职业周期理论、自我更新理论、教师社会化理论、综合研究理论五个方面展开介绍；第四章为高校英语教师职业发展途径，主要介绍了五个方面的内容，依次是改革教师培养机制、改善社会支持系统、增强教师教学动机、实现教师自主发展、建设数智化教学环境；第五章为高校英语教师职业发展创新探索，主要从基于核心素养的英语教师职业发展、活动理论视域下的英语教师职业发展、建构主义视域下的英语教师职业发展、人工智能时代的英语教师职业发展四个方面展开介绍。

在撰写本书的过程中，作者参考大量的学术文献，得到许多专家、学者的帮助，在此表示真诚感谢。但由于作者水平有限，书中难免有疏漏之处，希望广大同行指正。

刘先林

2024 年 7 月

目 录

第一章 高校英语教师职业发展概述 ··································· 1
    第一节 高校英语教师职业发展的目标确立 ····················· 3
    第二节 高校英语教师职业发展的特点 ··························· 11
    第三节 高校英语教师职业发展的时期 ··························· 13
    第四节 高校英语教师职业发展的教育家精神 ················· 23

第二章 高校英语教师职业发展的必备素养 ························· 31
    第一节 教师职业理念与道德 ·· 33
    第二节 教师职业知识 ·· 52
    第三节 教师职业能力 ·· 57
    第四节 教师职业性向 ·· 66

第三章 高校英语教师职业发展的理论依据 ························· 73
    第一节 心理发展理论 ·· 75
    第二节 职业周期理论 ·· 78
    第三节 自我更新理论 ·· 87
    第四节 教师社会化理论 ·· 92
    第五节 综合研究理论 ·· 98

第四章　高校英语教师职业发展途径····································105
　　第一节　改革教师培养机制····································107
　　第二节　改善社会支持系统····································113
　　第三节　增强教师教学动机····································116
　　第四节　实现教师自主发展····································121
　　第五节　建设数智化教学环境··································136

第五章　高校英语教师职业发展创新探索································147
　　第一节　基于核心素养的英语教师职业发展······················149
　　第二节　活动理论视域下的英语教师职业发展····················158
　　第三节　建构主义视域下的英语教师职业发展····················166
　　第四节　人工智能时代的英语教师职业发展······················175

参考文献··187

第一章　高校英语教师职业发展概述

对教师而言，职业发展是指其持续积累知识、技能等的长期过程，包括专业成熟与内在品质的全面升级。此历程可视作教师的专业化进阶，或是其核心竞争力，即专业知识、技术与心理素质的迭代精进。教师需要深耕厚植，自我挑战，进而追求卓越教育艺术，塑造全面育人能力。高校英语教师在成长发展的过程中，应该注重不断提升和增进自身的整体素养，科学优化自身的职业能力，确保自身能够获得长效化的职业发展，从而更好地提升教学质量，同时更好地服务于广大大学生群体。本章为高校英语教师职业发展概述，分别从高校英语教师职业发展的目标确立、高校英语教师职业发展的特点、高校英语教师职业发展的时期、高校英语教师职业发展的教育家精神四个方面展开介绍。

第一节 高校英语教师职业发展的目标确立

教师职业发展的目标是教师这一职业所应预期呈现的成果，是教师职业发展内容、程序和方法的依据和前提。在整个职业发展过程中，有了目标才能找准方向。

一、高校英语教师制定职业发展目标的意义

通常来说，目标对于职业发展具有标准化的导向作用、调节作用和激励作用。更具体地说，高校英语教师制定职业发展目标的意义，可以概括为以下两个方面：

（一）加强个人能力开发

在整个职业发展过程中，高校英语教师在不同阶段会设定不同层次的目标，而这些目标的逐一实现，不仅标志着他们教学能力的提升，更意味着个人专业素养的持续深化。当一位高校英语教师选择了这个充满挑战与机遇的岗位，他就应该在教育的沃土上充分施展自己的才华。随着教师开始展现出卓越的教学才华，他们的专业知识与技能也会得到显著提高，从而在学校内部获得更广泛的认可和更高的信任度。在这一过程中，教师会为自己设定更高的目标，而学校领导、同事以及学生们对其的关注与支持也会随之增加。相应地，随着工作的不断深入，教师将有机会承担更多具有影响力的教学任务和项目。通过这些实践机会，高校英语教师不仅能够进一步发展自己的教学专长，还有可能逐步成长为学科领域内的专家型教师，为教育事业做出更大的贡献。随着职业目标的逐步达成，高校英语教师会发现自己已经迈入了一个不断自我强化、良性循环的发展轨道。在这个

岗位上，他们的个人能力得到了持续的提升，同时，伴随着每一次的突破与成功，其内心深处的成就感会油然而生。

（二）对个人起到激励作用

作为一名高校英语教师，拥有明确的目标能够持续激发自我驱动力。在校园这一特定环境下，设定合适的职业目标对高校英语教师而言，具有尤为强烈的激励作用。这些目标的达成从长远来看，还与个人的职业晋升紧密相联。因此，目标的设定无疑能够产生巨大的驱动力。

更为重要的是，这种激励与学校的教学宗旨及学生的学业目标高度契合，从而对学生产生了积极、正面的影响。对于教师个人而言，每一次目标的达成都会带来满满的成就感。当高校英语教师为自己规划了清晰的职业发展目标，他们便获得了前进的方向和动力，这不仅对教师的个人成长至关重要，更会对学校的整体发展产生积极效应，有助于学校的稳定与可持续发展。反过来，学校的繁荣与进步又会为教师提供更多的发展机会，从而形成良性循环。

总之，对于身处职业发展中的高校英语教师而言，目标具有多重重要意义。它不仅能够鞭策教师克服拖延与倦怠，还有助于他们专注于特定的教学目标；它能够引导教师关注那些真正提升教学效能的事务，从而节省时间、提高效率，并推动个人的专业发展。更重要的是，目标的设定能够激发教师不断追求新的高度，以更加饱满的热情投入工作中，实现自我价值的最大化。

二、高校英语教师确立职业发展目标的原则

教师职业发展目标作为一种专门的职业目标，既有一般目标的共性特征，又有其职业的个性特征。因此，在制定高校英语教师职业发展目标时，既要注意遵循一般目标制定的基本原则，又要从教师的职业特点出发，遵循以下几个基本原则：

（一）水平适度与梯度合理相统一原则

高校英语教师在确立职业发展目标时要使其符合自身的实际情况，根据个人能力和需求制定适度的、合理的目标，要确保目标是实际可行的，既要避免盲目自大的倾向，也要克服过于保守的态度。

高校英语教师在设定自身职业发展目标时，可以借鉴篮球架子设置高度的智慧。篮球之所以广受欢迎，其架子高度设置得恰到好处功不可没——既非高不可攀，又非触手可及，而是"跳一跳，够得着"。同样，教师在规划职业道路时，应确保目标既不过低以致缺乏挑战性，也不过高以致难以实现。若目标设定太低，教师可能无须努力即可达成，这样便失去了目标管理的意义，也使教师无法享受到成就感和荣誉感带来的满足。相反，若目标过高，超出了教师的实际能力范围，则教师可能因长期无法实现而产生挫败感。

同时，高校教师要对目标的实现有一个整体的规划，要设置合理的目标梯度。职业发展并不是一蹴而就的，而是需要长期努力和学习的，这就需要教师对职业发展目标进一步分解，并按照合理的梯度进行安排。

高校英语教师在规划职业发展时，应关注时间梯度。这意味着教师需要将整体的职业发展目标拆解成若干个阶段性目标，并设定在不同的时间段内逐一实现。每个时间段都应有明确的"起点"和"终点"，即从"开始执行"到"完成目标"的时间界定。缺乏明确的时间规划往往会导致目标成为空谈，最终难以实现。例如，教师可以将在入职后的第一个学期内出色完成教学任务作为短期目标，随后在下一个时间段力争成为优秀班主任。目标的制定必须紧密结合各个时间段的特点，并严格遵循时间梯度的原则。

（二）高瞻远瞩与目标明确相统一原则

高校教师在确定自己的职业发展目标时，需要设定一个总体的、长远的目标。这个目标应当从个人职业生涯发展规划的角度出发，结合自身的兴趣、能力和市场需求，制定一个适合自身情况的整体性目标，以便在未来的教学和研究工作中不断对照和调整。通过这样的方式，高校教师可以确保自己的职业发展路径既符合个人兴趣，又能够适应高等教育的发展趋势，从而在职业生涯中取得更大的成就。

高校英语教师的职业发展是一个多元化目标有机结合的复杂系统。从时间维度来看，职业发展的各个阶段都有其独特的目标任务，这不仅涵盖了外在的工作岗位晋升、教学任务完成、待遇提升等发展目标，同时包括教师内在情感的培养、态度的塑造、价值观的确立等心理层面的发展，更涉及专业知识与能力的持续提升。这些目标的实现程度直接关系到教师职业发展的速度与最终成效。因此，对于高校英语教师而言，必须确保职业发展各个方面的目标都具有明确的指向性。只有职业发展目标清晰明确，教师才能有效提高自身的职业发展管理能力，通过收集各种信息来准确评估自身的能力与不足，衡量当前状态与目标状态之间的差距，从而合理确定职业发展的新起点和新目标，推动自身职业发展的持续进步。

（三）自主规划与主动发展相统一原则

自主规划强调教师在确定职业发展目标时要充分发挥主观能动性，强调的是教师的主体作用。主体作用的核心在于个体在实践中的主导角色与影响力，其侧重于凸显人的自主抉择与行动力。主体性的精髓在于自由，即进行选择的权利与独立思考的状态，它能赋予每个人独特的个性与价值。主体性的另一维度体现在人的能动性上，这是人类区别于其他生物的本质特征。它彰显着人类不局限于被动接受，更能主动探索、解读与改变周围的世界。人有能力超越现状，通过创造性思维与不懈努力，重塑物质与精神景观，使之更贴近内心的愿景与期待。教师职业发展的主体性是指教师是职业发展的主体，教师有决定自己职业发展的方向、发展道路和发展目标的自主权，同时有实现职业发展目标、实施策略的选择权等。

主动发展是指教师要自发自觉，以内在动力推动自身的职业发展，强调的是教师的主动性。主动性作为人类的一种关键行为特质，是指个体基于自身设定的目标而采取行动，无须外界强制驱使的能力。它深受个人的内在需求、动力、理想、志向以及价值观念的影响。主动性主要表现在以下几个方面：首先，能够展现出持之以恒的决心，在遇到挑战时不轻易退缩；其次，能够敏锐察觉并抓住机遇；再次，能够超越常规的工作期望，获得超群的业绩；最后，能够做到预先规划，为潜在的机会与问题做好周全准备。主动性的本质是个人能够自发地追求目标，即使面临逆境也能坚持不懈。它体现了个体对于成就的高度渴望，以及个体对自己能力和潜力的信心。主动者倾向于采取积极的态度对待未知，愿意承担风险，勇于尝试新事物，以此来拓宽视野，提升技能。

高校英语教师在制定职业发展目标时，应坚持主体性与主动性相统一的原则。一方面，这意味着要尊重教师作为职业发展主体的权利和自由，以及他们在职业发展道路上的个性化选择，包括职业发展方向、路径和目标；另一方面，高校英语教师在选择职业发展目标的实施策略时，应注重选择主动发展的方式。例如，教师应积极、主动地参加与学校教学目标相关的职业发展活动，设定较高的专业发展标准和工作绩效标准。同时，教师需要主动、客观地评估自己的职业发展水平，并对未来的职业前景和机遇进行科学预测，从而更好地掌握自身职业发展的主动权。

（四）突出重点与兼顾全面相统一原则

突出重点是指教师职业发展的内容是多元的、全面的，教师职业发展不仅包括专业发展、情感、态度、价值观的发展，还包括职务、职称和工资待遇的发展。同时，与其相关的家庭发展也是影响教师职业发展的重要环境因素。其中，专业发展是教师职业发展的核心和重点。

兼顾全面是指教师职业发展既要照顾内在的职业知识、职业能力、职业情感以及职业幸福的精神的发展，也要考虑外在的职务、职称与工资待遇的可见的物质发展；既要照顾专业发展，也要考虑家庭的发展。

高校英语教师在制定职业发展目标时，应坚持突出重点与兼顾全面相统一的原则。这意味着，一方面，教师要将专业发展作为职业发展的核心，并投入足够的精力和资源；另一方面，教师也不能忽视职务晋升、职称评定、工资待遇提升以及家庭等其他方面的发展。总的来说，突出重点与兼顾全面相统一的原则指的就是通过确保专业发展这一重点的突出，来引领和带动其他各方面的全面协调发展。

三、高校英语教师职业发展目标的种类

职业发展目标是个人职业发展的首要内容，是人生的指针。有了目标，人生便有了奋斗的方向。高校教师职业发展的目标是多种多样的，大致可以归为如下几类：

（一）按时间划分

短期目标是一种现实性和具有实际价值的目标，是以长期目标为发展方向的行动性、操作性目标，可以是自己选定的目标，也可以是上级安排的目标。短期目标具备可操作性、具有具体的完成时间、切合实际、适应教学环境、能服从中期目标等特征。在教学中，学期目标、学年目标都可看作短期目标。高校英语教师职业发展的短期目标主要集中在提升教学能力与专业素养上，包括精进语言技能、更新教学方法、深入学科研究以及积极参与学术交流等，旨在短期内显著提升教学质量，增强个人在教育领域的竞争力，同时为学生提供更优质的学习体验。

中期目标是与长期目标一致的目标，相对长期目标要具体一些，一般在三到六年。中期目标应既有激励价值，又有现实可行性。高校英语教师职业发展的中

期目标是实现教学水平的质的飞跃,通过持续的专业学习与实践,不断深化教育教学理念,创新教学手段,拓宽国际视野,提升科研能力,力争在学术领域有所建树,进而为培养更多具备国际竞争力的人才奠定坚实基础。

长期目标是个体基于自身的能力和社会经验来"树雄心,立大志",它勾勒出个人职业前景和职业发展高峰。教师的长期目标一般是十年左右,甚至更长时间,它是教师的职业人生目标,具有未来预期、宏观综合、人生理想、发展方向、引导短期、自身可变等特点。高校英语教师职业发展的长期目标是成为教育领域的领军人物,通过多年的教学积累、学术研究和社会服务,形成自己独特的教育思想体系,对学科发展产生深远影响,同时培养出大批优秀人才,为社会进步和国际交流做出巨大贡献。

在规划职业发展目标时,要把长期目标和短期目标、中期目标结合起来,统筹考虑,合理计划。

(二)按性质划分

职业生涯的发展路径通常涉及两个层面:外职发展目标与内职发展目标。外职发展目标往往较为具体明确,其聚焦于可视化的成就标志,诸如职位晋升、工作性质、职场环境、经济报酬以及地域位置等五个关键指标。该目标涵盖从初级岗位向更高层级跃升的追求,反映了个体内在驱动力与外界认可度的统一。无论是职能转换、办公条件改善还是薪资待遇提升,这些显性目标不仅是个人能力的直观体现,也是个人职业成就感的重要来源。其中,收入直接关系个人和家庭的切身利益,如希望自己在一定时间内月收入或年收入达到一定的数目就是收入目标。

内职发展涵盖知识、观念、经历与内心感受等,是贯穿职业发展的宝贵财富,无法被他人替代或窃取。其目标通常包括提升工作能力、增加工作成果、提高心理素质及更新观念。对于高校英语教师而言,工作能力涵盖通用技能、学科专业、课堂管理、教学应变、心理辅导及探索创新等方面。设定的工作能力目标应既实际又具挑战性。工作成果则指发现新管理方法、发表研究成果、创造教学新业绩等。同时，心理素质在职业发展中日益受到重视，提升心理素质已成为很多教师的职业发展目标。观念目标要求教师在职业活动中不断更新对人、事、世界的态度与价值观，以跟上时代及教育发展的步伐。

外职业发展目标是内职业生涯发展的一种外在体现，而后者是职业发展的核心精髓。若仅将焦点局限于外职业生涯目标的规划上，在追求这些目标的过程中，个体可能会丧失方向感，倾向于采取短视行为，如过分渴望迅速成功或急于看到成果等。

（三）按发展的内容划分

教师职业发展的目标可以按照发展的内容分为两类：一是职业发展广度方面的目标，如教师个人规划成为教学者，或是研究者，抑或是组织策划者等；二是职业发展深度方面的目标，如教师规划自己成为教学能手、教学专家等。

高校英语教师职业发展的多个目标是并行不悖、相辅相成的。在职业发展过程中，他们可以同时追求并实现两个或更多的目标。这些目标之间往往存在着互为因果、相互促进的关系。例如，工作能力的提升和工作成果的显现是职务晋升的基础，当工作能力增强、工作成果显著时，自然有助于职务的提升。再者，如果一位教师在教学方面表现出色，并且能对教学进行深入研究，得出科学结论，那么这两个目标之间就会形成互补关系，共同推动教师的职业发展。因此，高校英语教师应努力使内职业发展目标和外职业发展目标、个人事业和家庭生活实现全面均衡发展。

第二节 高校英语教师职业发展的特点

教师作为一份极为重要的职业，具有别具一格的职业规划与职业发展模式。当然，和其他职业一样，高校英语教师职业发展规划也遵循着一定的运行特点。

一、专业化

20世纪中叶，西方学术界兴起了一股教师职业专业化的热潮，倡导将教育从业者视为具备深厚学识与独到技艺的专业人士。自此，教师专业化议题在全球范围内引发了巨大反响，特别是在高等教育领域，它更是成为不可忽视的趋势。对于身处其中的高校英语教师而言，这意味着其面临着前所未有的机遇与考验。他们不仅要精通英语学科的基础理论与应用技巧，还要肩负起深入钻研教育艺术、锤炼个性化教学风格的重任。唯有如此，教师群体方能在瞬息万变的时代潮流中站稳脚跟，成长为兼具广博学识与精湛技艺的复合型人才。

面对多样且多变的教学情境，高校英语教师需学习一种能够应对不确定性和不可预见性的解析与决策技能。这种技能的培养是一个漫长且复杂的过程，它融合了内隐与外显学习的多个阶段，高校英语教师需通过持续的实践和经验积累方能逐渐成形。

二、动态化

高校英语教师所处的教育行业是一个复杂且不断发展的行业，高校英语教师的发展模式和发展路径呈现出多样的态势。若要从历史发展模式的角度探讨高校英语教师的职业发展规律，就必须综合考虑其产生与发展的历史背景，以及这一职业所具备的独特性。在研究高校英语教师职业能力发展的过程中，我们可以深刻感受到其职业能力发展的动态性。这种动态性主要体现在历史时期、社会背景和教育改革背景三个方面，它们共同要求教师能够适应并跟上职业能力的不断变化和发展。正因如此，高校英语教师的职业发展存在着较大的不确定性，需要他们不断适应和调整，以应对各种挑战和变化。

（一）高校英语教师应具有个人专业发展的自主性

这意味着他们需要顶住外部压力，并根据自身的情况和需求，制定符合自己专业成长的目标和计划。

（二）对于高校英语教师而言，实现自我专业发展至关重要

无论是在正式的教师培训和教育环境中，还是在日常的非正式专业生活里，他们都应表现出强烈的自我提升意愿，并具备实施自我教育的能力。

（三）高校英语教师需要培养在日常专业生活中自觉自学的习惯

他们应将个人的专业结构完善作为核心任务，将教学能力视为一种需要不断提升和磨炼的专业技能。在追求个人专业结构持续完善的过程中，他们应能获得满足感和成就感，从而不断激发自我提升的内在动力。

三、职业品质个性化

高校英语教师的职业心理品质在其整体人格中占据重要地位，这种心理品质需通过长期的教育教学实践来逐步塑造和发展。

（一）热衷求知是高校英语教师显著的职业心理特征

这种求知欲源于教师工作的特性，并在持续的教育教学实践中得到了进一步的增强和完善。

（二）善于观察是高校英语教师不可或缺的心理特质

教学活动需要教师根据学生的反馈灵活调整教学策略，而这一切都离不开教师对学生信息的精准捕捉和解读。

（三）敢于创新是高校教师的重要职业品质

敢于创新要求教师必须乐于接纳新事物，勇于探索新问题，并迅速将这些新元素融入教学中。

（四）保持理智对于高校英语教师的教学及科研都十分重要

高校英语教师要坚持科学的世界观、拥有坚定的信仰、展现良好的个人修养，以及保持文明高尚的行为举止。

（五）善于规划是高校英语教师必备的职业素质

高校英语教师的工作涉及大量个性化的研究性和创造性的活动。因此，教师需要具备独立规划、控制和调整自己教学活动的能力。

（六）自尊自爱对高校英语教师而言至关重要

自尊自爱不仅是一种职业心理，更是教师在长期的教育实践中逐步形成的宝贵品质。教师在职业发展中所形成的与时代精神相符的教育理念、多层次复合知识结构以及独特的教育教学能力，都深刻体现了其个性化的自尊感。

第三节 高校英语教师职业发展的时期

在为自己描绘美好的人生蓝图后，高校英语教师还需要根据所处的职业发展阶段为自己制订一个具体的实施方案，否则，目标只是空中楼阁，永远也不可能实现。

一、高校英语教师职业的适应期

高校英语教师的职业适应期，通常是指他们在心理上完成从学生到教师的转变，全面接纳教师角色，并逐步适应学校及其周边环境的过程。在这一阶段，虽然教学工作逐渐步入正轨，但在教学方法和策略上，他们可能还缺乏灵活性和创新性。一般来说，处于实习阶段的师范院校学生以及刚入职1~3年的新教师，都会经历这样的职业适应期。进入适应期的高校英语教师，可能会遭遇心理落差。例如，他们可能会发现大学里所学的心理学和教育学知识在实际教学中难以直接应用，精心准备的课程也可能自我感觉乏味，从而担忧课程对学生的吸引力。长此以往，他们的心理压力可能逐渐增大，原本的工作热情可能逐渐消退，甚至可能陷入迷茫之中。

针对上述高校英语教师适应期的典型特征，作为新手高校英语教师在制定应对策略时，可以从以下几个方面入手：

第一，根据个人的实际情况，绘制自己的发展导航图，明确职业发展的目标和路径。

第二，尽快熟悉教学环境，其中包括了解学校的整体状况、各项规章制度，以及自己所在年级和班级的具体情况，同时还应尽快与办公室的同事建立联系和沟通。

第三，选择一位经验丰富的优秀高校英语教师作为自己的导师，通过学习和借鉴其在教学和管理方面的先进经验，以迅速弥补自身的不足并加快成长速度。

第四，努力融入团队，与同事们建立团结互助的关系。在适应期，仅仅依靠一位高校英语老师的指导是远远不够的，其需要置身于一个积极向上、相互支持的工作团队中。

此外，苦练教学基本功也是至关重要的。作为一名高校英语教师，具备扎实的教学基本功将为未来的职业发展奠定坚实的基础。这些基本功包括持续更新知识的能力、强大的应变能力、清晰缜密的思维表达能力、与他人进行学术和情感交流的能力，以及用科学的方法处理事务的能力。通过不断提升这些基本素质和能力，这些刚入职的高校英语教师将能够更好地应对职业适应期的挑战，并迈出稳健的职业发展步伐。

二、高校英语教师职业的成长期

高校英语教师的发展期，也被称为职业成长期，对他们而言这是一个至关重要的阶段。这标志着高校英语教师的角色开始发生转变，通常这个阶段出现在教师入职后的第4年至第7年。在这个时期，高校英语教师已经逐渐适应并能够胜任教学工作，对高校英语教师职业有了更加深入的理解。当高校英语教师进入职业成长期，制订职业规划时应注意以下几点：

第一，高校英语教师需要正确分析自己的优势和不足，找到个人发展的突破口。

第二，坚持持续学习，实现厚积薄发。在这个阶段，掌握坚实的英语专业基础知识、完整的教学课程体系以及相关的适用知识是至关重要的。由于现代学科知识都是相互关联的，因此，高校英语教师应避免孤立地学习，应明确学习方向，合理规划学习时间和内容。此外，高校英语教师的学习应与实践紧密结合，确保学以致用。

第三，高校英语教师需要学会通过反思来提升自己的教学能力。高校英语教师这个职业需要不断突破、实践和反思。通过总结实践经验，高校英语教师能够找出自身的不足和差距，这对于提升他们的知识水平和教学经验至关重要。

第四，构建和谐的师生关系也是职业成长期高校英语教师需要关注的重要内容。高校英语教师应多了解学生，并在教学活动中，如分组、提问和表扬中，恰当地表现出对学生的期望。这将有助于增强高校英语教师在教育教学中的亲和力，实现与学生心灵上的"零距离"。

三、高校英语教师职业的成熟期

当高校英语教师步入职业成熟期，这标志着他们已全面适应教育工作环境，并充分掌握了对学生的引导权。通常，这一阶段指的是高校英语教师入职后的第8年至第20年。在此期间，他们不仅形成了独特的授课风格，还逐渐成为学校的教学骨干。关于衡量高校英语教师是否成熟的标准，国内外学者各抒己见，而国内学者则主要从思想、业务和身心三个维度来评判。

具体来说，成熟的高校英语教师需具备无私的奉献精神和为教育事业奋斗终生的坚定决心，同时拥有高度的社会责任感。他们能够敏锐地观察和了解学生，具备出色的信息组织、转换和传递能力，以及卓越的组织管理和教育科研能力。这些高校英语教师能够独立、主动地承担多项复杂工作，并灵活应对各种挑战。在遭遇困难与挫折时，他们能展现出强大的耐受力和调节能力。此外，他们还具备清晰的自我分析和反思能力。

尽管关于成熟型高校英语教师的描述五花八门，但成熟型的高校英语教师普遍具备以下特征：深厚的专业知识储备、丰富的教学实践经验，以及对教育事业的深厚情感和坚定承诺。他们不仅是学生学业上的引路人，更是学生心灵成长的守护者。

（一）个体发展特征

处于成熟期的高校英语教师，其年龄段一般为30~40岁。在这个阶段，他们正迎来事业发展的黄金时期。从身体状况来看，这些高校英语教师通常拥有强健的体魄，思维敏捷且富有前瞻性，精力充沛。他们具备敏锐的选择判断能力，能够全面清晰地看待问题，并对自己的人生观、价值观和世界观有着清晰明确的认识。由于这个阶段的高校英语教师往往已经建立了家庭，他们的人生轨迹和目标变得更为明确，因此会将大部分精力放到职业发展上，全心全意地为自己的事业而奋斗，追求的目标也更为明确。

在人格特征方面，成熟型的高校英语教师性格更为随和，更能适应教学环境。他们更加关心和理解学生，对学生的管理方式也更为民主。然而，在情绪稳定性和自我调节能力方面，他们可能仍稍逊于专家型高校英语教师。不过，随着经验的不断积累和职业的深入发展，这些成熟型高校英语教师有望进一步提升自己的专业素养和综合能力，逐步向专家型高校英语教师迈进。

（二）教学策略与方法

经验丰富的高校英语教师，对自己的教学流程和计划已了如指掌，形成了固定的教学模式。他们在课前准备方面非常熟练，且花费时间较少，但因此也可能出现课程模式化问题。

1. 课堂控制

在课堂控制方面，熟手型高校英语教师展现出了更高的教学水平。熟手型高校英语教师能在课堂上表现得流畅自如、从容不迫，即使遇到紧急情况，也能灵活变通，迅速解决问题。

2. 课后评价

在课后评价上，熟手型高校英语教师则更注重课堂教学的实际效果。他们以课堂教学是否成功为标准进行评价，但与专家型高校英语教师相比，他们在如何提高教学质量方面的思考可能还不够深入，这表明熟手型高校英语教师在课后反思方面还有待加强。

总的来说，成熟期的高校英语教师在丰富经验的支持下，已形成独特的教学风格，正处于教育智慧不断迸发和生成的阶段。这是他们个人职业发展的关键时期，如果能把握好现有条件并充分发挥优势，就有可能向更高层次发展。反之，如果错过这一时机，他们可能会停滞不前，甚至步入职业高原期，职业发展从此走下坡路。

因此，处于职业成熟期的高校英语教师在制订行动方案时，应围绕以下几个方面进行：第一，要树立成就意识，不断开发自己的智力潜力；第二，加入专业组织，与同行进行实时沟通交流，提升自己的专业水平；第三，加强对教育发展的前瞻性和预见性，开阔视野，多方面学习和汲取信息；第四，不断积累经验和资源，善于利用现有条件营造有利于自己发展的环境。通过这些努力，他们可以更好地迈向新的发展阶段，实现个人职业发展的持续提升。

四、高校英语教师职业的高原期

职业发展高原期，是指在高校英语教师成长过程中会出现的一个相对停滞不前的阶段。许多高校英语教师在入职后的 20~30 年间，可能会陷入这种"高原"状态，其表现为教育教学水平停滞不前，甚至有时会出现技能退化的情况。在这一阶段，他们可能会逐渐失去对教育工作的热情和动力。

（一）正确认识高原期

"高原现象"原本是教学心理学中的一个概念，它描述了职业发展中一种常见的规律性现象，这种现象既可能是由于职业发展的自然规律产生，也可能是因个人的消极因素而触发。对于高校英语教师而言，遭遇职业高原期并不一定是坏事。只要能够合理分析原因，积极应对，客观看待自身存在的问题以及职业发展的现状，然后进行适当的调整和拓展，为自己设定新的发展目标和前进方向，就有可能克服高原现象。通过自身的努力，他们不仅可以突破这一阶段的限制，还可能为未来的职业发展奠定更坚实的基础，使职业发展更上一层楼。

美国职业心理学家最早提出了"职业高原"这一概念，将其定义为"在个体职业生涯中的某个阶段，个体获得进一步晋升的可能性很小"[1]。对于高校英语教师来说，高原期的特殊状况往往会对他们的职业发展产生影响。身为高校英语教师，可能会时常感到不同程度的挫折感或倦怠感，甚至可能觉得自己正站在职业发展的十字路口，不知该何去何从。

---

[1] 黄建春. 人力资源管理概论[M]. 重庆：重庆文学出版社，2020.

（二）高原期教师发展规划的要点

针对处于职业高原期的高校英语教师所展现出的各种特征，如果某位高校英语教师发现自己正处在这一阶段，那么在为未来做规划时，应当从以下几个方面着手考虑：

1. 寻找发展的突破口

要想攀登职业生涯的高峰，找到适合自己的发展路径是关键。作为一名处于成熟期的高校英语教师，无论在教学还是育人方面，都已经积累了一定的经验和智慧，对职场和自我提升的认识也有了显著的提升。在这一阶段，能否正确客观地认识自己、分析自己的优势与不足，并在此基础上寻找适合自己的发展定位，就显得尤为重要。

正所谓"金无足赤，人无完人"，每位高校英语教师都有自己独特的优势和潜力。因此，在准确定位自己的基础上，找到职业发展的突破口，以新的目标激励自己，充分发挥个人优势，才能引领自己走向职业发展的更高峰。如果已经有相当长一段时间没有思考过或规划过自己未来的职业发展前景，那么现在是时候静下心来，重新审视自己的职业道路。可以请他人进行评估，借助专业工具，或者进行一次深入的自我反思，为自己确立一个明确、可行的目标。在这个过程中，不妨问自己以下三个问题：我渴望往哪个方向发展？我具备哪些条件和能力，可以支持我往这个方向发展？我是否也可以考虑其他有潜力的发展方向？通过认真思考这些问题，高校英语教师可以更加清晰地规划自己的未来，迈向职业发展的新高峰。

2. 努力培养成就意识

高校英语教师的自我成就意识，是指高校英语教师个人所确立的职业目标、职业发展方向以及个人的成长志向等。这种意识是高校英语教师走向成功的内在驱动力和个人特质的重要体现。在高校英语教师的职业发展过程中，培养和强化职业成就意识至关重要。成就意识就像是一种催化剂，能够激发高校英语教师的智能潜力，促使他们不断追求卓越。作为一名高校英语教师，一旦具备了积极的教育态度，就拥有了突破常规、实现自我超越的可能。拥有成就意识的高校英语教师，一般不会满足于当前的教学现状，而是会积极、主动地探求更高的发展目标，展现出教育的主动性和创造性。他们享受着探索过程中的欢乐与痛苦，将个人的发展和成就视为人生最大的乐趣和满足。这种自我成就意识不仅推动着高校英语教师不断前行，也为他们的职业发展注入了持久的活力和动力。

3. 充分利用外部资源

高校英语教师职业能力的突破性发展，离不开与校内同事的紧密合作，同时也需要在更广泛的领域内与同行进行更多的交流。这种合作与交流对于高校英语教师而言尤为重要，它们为高校英语教师提供了不断提高理论修养、学习前沿教育理论和教育科学知识的机会，从而有助于高校英语教师摆脱职业发展中的停滞状态，成功走出"高原期"，实现新的成长。对于处于成熟期的高校英语教师来说，他们多数已经在学校内确立了骨干地位，并且在发展条件上，无论是校内还是校外，都有了一定的积累和优势。因此，这些高校英语教师需要有意识地利用好这些优势，为自身创造最佳的发展环境。例如，他们可以主动承担额外的责任或任务，以进一步展示自己的能力和潜力；积极参与教学科研项目，以便在专家的引领下实现更高层次的成长和发展。通过这些努力，高校英语教师不仅能突破职业发展的瓶颈，还能在职业发展中达到新的高度。

4. 不断进行自我反思

对于处于成熟期的高校英语教师而言，具备强烈的自我反省意识是至关重要的，它能够帮助高校英语教师更快地实现自我发展的目标。在进行自我反思时，高校英语教师可以从以下四个方面入手：

（1）高校英语教师可以从自身的经历和历练中认识自己

每位高校英语教师的成长历程都蕴含着独特的体验和经验，这些经历构成了高校英语教师的生活环境和职业背景。然而，单纯的经历并不等同于反思，高校英语教师还需要不断理解、分析和批判这些经历，以促进自身的进步和发展。

（2）高校英语教师可以通过学生的反馈来认识自己

优秀的教学方法及其最终效果，很大程度上取决于学生对教师教学的反思与认可。因此，学生的反应和学习效果成为许多优秀高校英语教师调整教学进度和教学行为的重要依据。同时，学生的学习效果也被视为衡量高校英语教师教学成就的重要标准。

（3）高校英语教师可以从同事的建议中汲取智慧

同事的建议和帮助对于高校英语教师认识自己的教学至关重要，它们能为高校英语教师提供更客观、更具批判性的反思视角，从而更有效地改进教学实践。

（4）高校英语教师还应该从理论解读中深化自我认识

系统的理论知识可以帮助高校英语教师从多个角度审视其在教学中的不足，进而在实践中不断改进自己的不足。

除了上述方法，处于职业高原期的高校英语教师还可以在必要时寻求组织的帮助。与高校英语教师学校领导保持沟通，反映当前遇到的问题及改进建议，能让领导实时掌握高校英语教师的动态和发展愿望，并在必要时提供助力。此外，向上级教研部门申请有助发展的信息资源，也是帮助高校英语教师顺利度过高原期的有效方法。总的来说，高原期并不可怕，它是高校英语教师成长过程中的正常现象。只要高校英语教师摆正心态、积极学习，并利用上述推荐的方法进行自我反思和改进，就一定能够快速平稳地度过高原期。

五、高校英语教师职业的超越期

在跨越了成长期、成熟期，并成功翻越职业发展的高原期后，高校英语教师便进入了职业发展的超越期,这是实现职业理想终极目标的重要阶段。这一阶段的到来,往往需要高校英语教师经过二三十年的不懈努力与积累。处于超越期的高校英语教师,对教育事业有着深刻而独到的理解,他们已将教育理想升华为坚定的教育信念,将教育视为一种事业、一种生活方式,甚至一种艺术。这些高校英语教师通常拥有稳定而持久的职业动力,形成了个性化的教学风格与模式,并具备先进的教学思想和理论。他们的教学科研成果丰富而突出,知识水平、业务技能、经验积累以及教学成绩都达到了较高的水平。在职业发展方面,他们也取得了显著的成就,并在社会上产生一定的影响力。

然而,并非每位高校英语教师都能顺利经历"成长期""成熟期"并最终进入"超越期"。能够进入这一阶段的高校英语教师,无疑都具备了卓越的专业素养和显著的创新精神。他们不仅是学科领域的带头人,更是特级教师乃至教学名师,是广受认可的专家型高校英语教师。

尽管已经取得了显著的成就,但处于超越期的高校英语教师并不应停止规划自己的未来。事实上,许多高校英语教师仍然在不断地探寻自己的发展道路,追求更高的教育境界。在制订行动方案时,他们需要考虑与其他阶段不同的要领和要求。除了致力于自我实现外,他们还应善待学生,善于抓住机遇,乐于进行教育科学研究,并愿意与其他同事分享自己的成功经验。同时,他们也应保持开放的心态,乐于向其他同事学习,并在此基础上不断总结经验,拥抱乐观健康的生活。

总之,生活是多姿多彩的,教学也是一种独特的生活方式。处于超越期的高校英语教师,不仅应具备执着的人生追求和卓越的专业技能,更应拥有健康的心理和积极的生活态度。他们的情怀将决定他们的处事方式,他们的期许将塑造他们的行为,而他们对待生活的态度也将决定生活对他们的回报。

第四节　高校英语教师职业发展的教育家精神

一、弘扬教育家精神的当代价值

置身于中华民族伟大复兴的历史洪流之中，高校英语教师肩负着物质文明与精神文明双重繁荣的伟大责任。教育不仅是人类传授知识的核心手段，更是塑造下一代灵魂的关键途径。在教书育人的崇高事业里，立德树人是永恒不变的主题，建立完善的教师培育机制，尤其注重高校英语教师团队的长效建设，乃国之大计。教育家精神，根植于深厚的民族文化土壤，承载着丰富的道德内涵与理想情怀。秉承这一精神，高校英语教师将以饱满的热情与崇高的使命感，致力于人才培养与品德教育，共筑民族复兴梦。此外，弘扬教育家精神，实际上是对历史智慧的传承与发展，而这要求教师在深刻领悟的基础上，进行自我反思与创新实践，从而逐步将其内化为日常教学与生活的准则。长远来看，此举不仅会显著提高高校英语教师的整体素质，营造全社会尊师重教的良好氛围，更为重要的是，它将为我国教育事业发展注入不竭的动力，助力国家兴旺发达。

在这个科技日新月异、社会思潮蓬勃涌动的时代背景下，全球范围内的顶尖创新人才竞逐与科技变革浪潮正加速演进，这对高校英语教师的角色定位与能力素质提出了前所未有的高标准。弘扬教育家精神，激励高校英语教师投身于人才培养与科研前沿，已成为推动高等教育转型升级、激发创新活力的关键所在。早期的"教育救国"理想，早已过渡到今日的"教育兴邦"愿景，乃至迈入"教育强国"的宏伟征程，由此可见，教育事业凝聚着一代代国人的梦想与向往。高校英语教师作为知识创新的生力军、文化薪火的接力手与社会进步的催化器，在我国教育事业发展中占据着不可替代的地位。高校英语教师不仅是专业知识的传授者，更是灵魂工程师，肩负着塑造新一代心智、拓展人类认知边界的重大使命。他们承载着立德树人的神圣职责，是确保大学生全面发展的领航员。在这个过程中，高校英语教师必须具备深厚的专业底蕴与人文素养，既要精通学科前沿，又要洞悉社会脉络，这样方能在传授知识之余，培养学生健全人格，激发学生创新潜能，引导青年学子成长为兼具学识与德行的综合型人才。随着全球化进程的深入，跨文化交流日益频繁，英语教师还充当着连接中外文明桥梁的重要角色。他们需要掌握扎实的语言技能，熟悉不同文化背景下的交际规则，引导学生开阔国际视野，培养跨文化沟通与协作能力，从而为国家培养具有全球竞争力的高素质人才贡献力量。"真正的教育要与生命的特性及其生成规律相契合，按照人性生长的逻辑建构教育的法则。"① 实现科技自立自强是国家强盛之基，高校英语教师应将教育家精神和科学家精神有机融合起来，为实现中华民族伟大复兴培育拔尖创新人才，实现科技创造性转化和创新性发展。

二、教育家精神的理论内涵与时代特征

教育家精神作为教育领域的灯塔，对高校英语教师的成长起着至关重要的导向作用。通过传承与弘扬这一精神，教师群体得以构建坚实的师德基石，进而共同营造出纯净高雅的教育环境，充分展现其在道德规范、价值塑造与行动示范方面的深远影响。从根本上讲，教育家精神是教育者内心世界的映射，是他们在长期实践中积淀而成的思想结晶与自我觉悟的象征。每一位卓越的教育者，都是在个性化教育实践中淬炼出的智者，他们的智慧与洞见，源于他们对教育真谛的深刻洞察与执着追求。因此，教育家精神不仅是一种抽象的理念，还是鲜活存在于每一位勤勉耕耘于三尺讲台上的教师心中的信仰。它激励着每一个教育工作者不忘初心，牢记使命，用爱与智慧去启迪心灵，培养时代所需的栋梁之材。

---

① 朱新卓. 教育的本体性功能：提升人的灵性 [J]. 教育研究，2008（9）：23-27，86.

在新时代背景下，高校英语教师应当以此为核心，不断提升自我，深化对教育本质的理解，以实际行动诠释教育家精神的魅力，为我国教育事业贡献更多的光与热。

（一）锚定理想信念追求

身处当下这个伟大时代，高校英语教师应以中国博大精深的文化精髓为基石，培育深厚的人文情怀，勾勒出属于自己的职业生涯蓝图。虽然兴趣常被视为理想之母，它却未必直接等于理想本身。理想往往是个体在困境与挑战中孕育而成的，正如璀璨星辰总藏匿于夜幕之后。信念恰似那盏指路明灯，能够引领高校英语教师矢志不渝地迈向目标，点燃他们教书育人的心火。对国家的热忱、对教育的挚爱，以及对学生的深切关怀是教育信念的坚实基石。高校英语教师当以那些被尊称为"人民教育家"的典范为镜，学习其坚韧不拔的意志，秉承教育家精神，沿袭前人足迹，将此般精神力量注入高等教育的每一个环节之中，使之绽放出更加耀眼的光芒。在新时代，高校英语教师需要与时俱进，紧跟时代的步伐，积极适应教育改革的新要求。他们应该积极探索教育教学的新方法和新途径，不断拓宽自己的视野和思路，锚定理想信念，为培养更多高素质的人才贡献自己的力量。

（二）践行立德树人根本

教育家精神的孕育与生长非一日之功，而是他们在漫长岁月中无数次实践探索与深度反思的结果。对于高校英语教师而言，职业发展绝非纯粹的理论构建，而是植根于实际情境中的动态过程。没有对现实问题的敏锐洞察与深切关怀，或是缺乏针对真实挑战的问题意识，高校英语教师将无法成为一位优秀的教育者。教师的工作涵盖了教学、科研以及社会服务等多个维度，每一项均需立足于实践经验，发挥直观体验与理性认知的双重优势。在纷繁复杂的教育现场，高校英语教师只有直面难题，勇敢探索，才能不断积累宝贵的实践经验，形成对教育现象的深层理解。这种基于实践的认知与感悟，正是理论创新与体系构建的宝贵原料。

　　理解和传承教育家精神，是高校英语教师履行立德树人基本职责的基石与内在需求。高校英语教师不仅要作为理想与信念的导航者，引领学子胸怀国家、忠诚奉献，更要身体力行，成为知行合一、德才兼备的典范。教师不仅是知识的使者，更是道德的守护者与模范，他们的天职在于引导青年学子茁壮成长。高尚的情怀，不仅是对立德树人与个人升华的深切感悟，更是教师对生命境界不懈追求的真实写照。作为肩负立德树人重任的一线执行者，高校英语教师承载的不只是法律层面的义务，更有深远的道德担当。他们需努力发掘教育过程中的道德教育契机，探寻育德路径，明晰教育目标。此外，高校英语教师应成为学子求知问道、涵养品行、开拓创新、献身家国的人生导师。道德高尚的情操，不仅是教师的基础素养，更是他们追求卓越、自我完善的内在动力。在职业发展的征途上，高校英语教师的成功关键在于内心的驱动。唯有坚守道德高地，勤勉求学，方能以德立教，以德树人，达到育人为本的目的。潘懋元先生作为全国教书育人楷模，他的教育理念和实践精神为我们提供了宝贵的精神食粮，他基于八十多年的从教生涯总结道，"没有理论指导的实践是盲目的，缺乏实践支撑的理论是空洞的，要在理论与实践相结合上下功夫"①。

（三）顺应教育发展趋势

　　教育家精神也要紧随时代的发展步伐，注重与教育现代化的融合发展。教育家精神体现在对教育事业的热爱、执着追求和无私奉献上。教育现代化则是指在教育理念、教育内容、教育方法和教育手段等方面进行创新和改革，以适应现代社会的需求和发展。

　　在教育家精神的引领下，教育现代化得以顺利推进。教育家们以其独特的教育理念和方法，不断探索和创新，推动教育事业的发展。他们注重培养学生的创

---

① 潘懋元口述；肖海涛，殷小平整理.潘懋元教育口述史[M].北京：北京师范大学出版社，2007.

新能力和实践能力，强调学生的全面发展，关注学生的个性化需求，努力为学生创造一个良好的学习环境。

教育现代化的推进，也为教育家精神的传承和发展提供了广阔的空间。现代化的教育手段和方法，使得教育家们能够更好地传播他们的教育理念和方法，影响更多的学生和教师。同时，现代化的教育环境也为教育家们提供了更多的资源和支持，使他们能够更好地开展教育研究和实践。

总之，教育家精神与教育现代化是相辅相成的。教育家精神是教育现代化的灵魂，教育现代化是教育家精神的载体。只有充分发挥教育家精神的作用，才能更好地推进教育现代化的进程，实现教育事业的持续发展。

三、以教育家精神引领高校英语教师职业发展

站在教育变革的十字路口，我们面临着前所未有的挑战。在这样的环境下，"知行合一"不仅是古圣先贤留下的智慧箴言，更是当代教育工作者行动的指南。高校英语教师作为知识传播者与教育界的未来建筑师，承载着特殊的使命与责任。新时代下，高校英语教师必须紧跟习近平新时代中国特色社会主义思想的步伐，全面提高自身在教学、科研及社会服务等方面的能力，积极汲取前辈们的成功经验，特别是那些在教育领域取得卓越成就的模范人物的经验，并将这些经验融入日常工作与生活。唯有如此，他们方能在纷繁复杂的世界中保持清醒的认识，坚持正确的方向，从而为国家的发展、民族的复兴贡献力量。同时，高校英语教师要勇于担当，主动迎接挑战，不断探索教育的新路径，激发学生潜能，培养具有全球视野和创新能力的综合型人才。在这一过程中，弘扬教育家精神，意味着高校英语教师将以更高的标准要求自己，用爱心、耐心和智慧引导学子们健康成长，从而为构建和谐社会、促进人类文明进步添砖加瓦。

（一）引领高校英语教师终身成长方向

职业认同是推动高校英语教师不断成长的动力之源，是落实党和国家关于

"促进人的全面发展""建设高素质教师队伍"要求的关键所在。高校英语教师与大学生一样，都处在不断学习和成长的过程中。教师的成长是一个渐进的过程，既包括职前的学习和准备，也涉及职后的持续发展。重构高校英语教师能力提升模式，厚植教育家精神，使其贯穿于教师培训、教学实践、教学考核和职业发展成长全过程，是实现教师专业发展的关键。通过展示教育家的形象、讲述教育家的故事，教育家精神可以在教师的内心深处生根发芽，并逐渐成为他们行为的内在驱动力。同时，为高校英语教师提供专业、情感和实践等多元领域的支持，能够促进他们的全面发展。这种支持有助于高校英语教师实现理论知识与实践教学的融合，使教师能够在教育家精神的浸润下不断自我升华，并赋予他们积极的工作体验，培养他们的职业认同感及幸福感。在教育家精神的引领下，教师可以重构个性化教育观，实现教育理念的创新性发展。通过不断学习和实践，教师可以在教育领域中找到自己的定位，实现自身的成长和发展，从而为教育事业做出更大的贡献。

（二）夯实高校英语教师全面发展基础

高校英语教师作为知识的传播者，肩扛重任，旨在培育国之栋梁，助力青年学子世界观、人生观和价值观的塑造。在学生心中，教师常被视为知识的权威与行为的典范，这份深厚的情感依托与精神寄托，要求教师不仅要在专业知识上传道授业解惑，更要在提高学生道德水平的过程中成为标杆。当前，科研至上的评价体系可能忽略了教师的全面发展，高等教育界迫切需要建立一个更完善的师德师风评估机制。这一机制不仅要涵盖教学成效、科研贡献与社会服务，还应在其中加强师德师风的占比，使之成为衡量教师综合素质的标准之一。高校要通过隐性精神约束，促使高校英语教师在认知、情感、意识与行动层面真正做到立德树人。在此过程中，构建评价机制要求相关人员邀请多方利益相关者共同参与，确保评价内容与结果的科学性与发展性。其目标在于，在教师个体自我意识与社会价值追求间搭建桥梁，形成"条件性联结"，以引导教师在传授知识的同时，体现美与善的本质。立德的根本在于提升自我修养，树立德行之美，科学的评价体制理应鼓励教师展现知识的魅力与品德的美好。教师要想实现终身成长，必须内外兼修，律己严苛，言行一致，表里如一。同时，弘扬教育家精神，既是对教师责任与使命的强调，也可反映出教师群体的整体意愿与共同期待，有助于高校满足其职业发展与现实需求，实现规范性、导向性与人文性的和谐共融。

（三）引导高校英语教师关注实践取向

弘扬教育家精神对于高校英语教师来说不仅是内在的素养要求，更是外在的行为准则。这种精神要求教师们不仅要在内心深处理解和认同知行合一、博学笃行的教育理念，还要在日常的教学实践中将其体现出来。也就是说，他们应当始终坚持和实践知行合一的理念，不断深化自身的学术修养，并将其运用到实际的教学工作中。为了适应社会的不断变化，高校英语教师在开展教育教学活动时应当始终保持敏锐的洞察力和适应性。他们需要倾听来自学生、家长和社会各方面的声音，以便更好地满足各方需求。这种关注实际的态度有助于提高教学质量，促进学生的全面发展。教育家精神的形成离不开教育者的持续实践和反思。无论是陶行知提出的"第一流教育家"的标准，还是陈鹤琴倡导的"活的教育"，抑或是苏霍姆林斯基对劳动教育的重视，再或是杜威所倡导的"生活即教育""学校即社会"，都强调教师在实践中应不断探索和创新的重要性。高校英语教师应当从这些教育家的精神中汲取养分，不断提升自己的专业素养。

在制度层面上，高校应当加强对高校英语教师实践取向的关注和强化，要通过制定相应的政策和措施，鼓励和支持教师们将教育家精神内化于心、外化于行。这样有助于加快我国高等教育强国的建设，能够为实现中华民族伟大复兴提供强有力的支持。中国特有的教育家精神要求高校英语教师立足本土，坚持独立自主的发展道路。他们应当积极探索适合中国国情的教育模式和方法，走出一条具有中国特色的高质量高校英语教师发展之路。这不仅有利于提升教育质量，也有助于培养更多具备国际竞争力的外语人才。

第二章 高校英语教师职业发展的必备素养

从职业发展理论以及教育促进人的全面发展的角度来看，英语教师的职业素养应该包括有助于英语教师适应、胜任教育教学工作所需要的教师职业理念与道德、教师职业知识、教师职业能力以及教师职业性向。这四个方面一起构成了英语教师职业素养结构的四个维度，即"四维一体"的职业素养结构。本章为高校英语教师职业发展的必备素养，主要介绍了四个方面的内容，依次是教师职业理念与道德、教师职业知识、教师职业能力、教师职业性向。

第一节　教师职业理念与道德

一、教师职业理念

汉语中的"理念"是指"理性概念"，是思想、思维活动的成果，或理性化的想法、理性化的思维活动模式、理性化的看法和见解。

职业理念是从业者在长期职业实践中逐步孕育出来的，被同行广泛认同，且个体与其同行一致遵奉的价值观与思想体系，其本质上是一种行业共识的文化形态。就高校英语教师而言，他们所秉持的职业理念，则是指那些活跃于各级教育机构，专司英语教育岗位者，在教学历程中积淀并共同认可的关涉教育宗旨、师资建设、学子培育等一系列认知与价值标准。这一系列认知与价值标准既能维系并巩固高校英语教师群体的社会声望，又能为其开展教书育人之事提供精神支柱，不仅能具象反映其在该领域的职业道德水平，更能辅佐其实现职业跃迁。具体说来，高校英语教师职业理念蕴含了诸多维度的内容：第一，它是高校英语教师对教育本质的认知，强调教育乃开启智慧、启迪人性的崇高事业；第二，它涉及教师角色定位，主张教师不仅是知识的传播者，更是学生心灵的引导者；第三，该理念聚焦于学生主体性，提倡以学生为中心的教学理念，致力于培养具有独立思考与创新能力的未来栋梁。这些理念构成了一套完整的职业伦理架构，不仅限定了教师的行为边界，也为其个人成长与发展明确了导向。通过学习这套理念体系，高校英语教师得以领悟自身职业的深远价值，坚定投身教育事业的信念，激发内在动力，勇攀学术高峰，成就精彩人生。

(一)教育观

教育观是高校英语教师职业理念的重要组成部分。那么，什么是教育观呢？现代高校英语教师应该具备什么样的教育观呢？

1. 教育观的内涵

高校英语教师对于教育的认知观念，主要体现在他们对教育目标与职能、教学活动及其流程的理解上，这包括对教学基本原则及教学内在规律的认识。这种认知观念旨在解答诸如"教育的本质何在""教育的根本目的为何"等关键问题。

现代教育观，在科学主义与理性主义思潮的影响下，推崇主体性教育，提倡系统化与规范化教育模式。相比之下，后现代主义教育观则摒弃了科学中心论与本质论，拒绝对人进行标准化塑造，倡导培养具有灵活性与适应性的个体，即所谓的"游戏之人""生态之人""谦卑之人"。后现代主义教育观拒绝沿用自然科学研究框架进行教育探讨，转而推崇叙事探究与质性分析，倡导教师在教学过程中融入直观感知与内心感悟，呼吁教育重回日常生活场景，凸显生存体验与情感价值。依据美国教育学家诺丁斯的幸福教育理论，要想构建愉悦的学习环境，教育工作者应当教授学生家务管理，培育其优秀品质，实施关爱示范，推行表现性教学理念。学者普遍认为，高校英语教师的教育视角应从"知识至上"转向"德性为核"，实现教育理念的根本革新。这意味着，教师应从德性生长的视角审视教育目标、程序、受众、教材及方法等方面，树立以德性生长为核心的教育理念、人才理念、授课理念及课程构想等。具体而言，高校英语教师需意识到教育不应局限于知识的灌输，而应关注学生个性的全面发展。教育的最终目的是培养具有高度道德意识和社会责任感的公民，因此，教师必须关注学生的情感世界与性格养成，重视自己在教学实践过程中的情感投入，以及对学生非智力因素的培育。此外，教师还需设计贴近实际生活、富有趣味性的课程内容，鼓励学生积极参与课堂活动，促进其主动探索与创造性思考。

高校英语教师的教育观影响着高校英语教师的教育实践、学生的发展程度以及高校英语教师个人的职业发展，决定了他们如何认识和看待教育和教学工作、如何认识和看待学生及学习活动，也影响和决定了他们的教育价值观。如果一个高校英语教师认为教育和教学的目的是"一切为了学生，为了学生的一切，为了一切学生"，或者认为教育和教学的对象"有教无类"，那么他们在教育和教学实践中就会考虑学生的差异性和个体性发展需求，努力实现每个孩子的全面与综合发展，努力做到"不让一个孩子掉队"，不会为了自己的个人利益而只顾及优秀生，也不会片面地去追求学生考试分数的高低。

2. 素质教育观

不同的教育观，如社会导向型、知识导向型及人本导向型，反映了不同个体之间各异的价值取向。那么，对于现代高校英语教师而言，应当秉持何种教育观呢？他们应当积极树立以素质教育为核心，同时融合终身教育理念的教育观念。

从本质上讲，素质教育秉持的是一种以人为本的教育观念。它基于个人成长与社会进步的实际需求，致力于全面提升全体学生的基础素养，其核心在于尊重学生的个性差异、激发学生的潜在能力，并促进学生形成健全的人格特质。

高校英语教师的素质教育观，是他们在长期教学实践与学术研究中逐步形成的，是关于如何全面提升学生英语综合素质的一套理念和方法论。在素质教育的大背景下，高校英语教师深知需要培养学生的语言实际应用能力、跨文化交际能力以及自主学习和终身学习的意识。

（1）高校英语教师强调语言实际应用能力的培养

高校英语教师通过创设真实的语言情境，引导学生运用英语进行日常交流、学术研讨和职场沟通，让学生在实践中感受英语的魅力，提升语言运用的准确性和流畅性。

（2）跨文化交际能力也是高校英语教师着重培养的能力之一

在全球化的今天，英语作为国际通用语言，其背后所承载的文化内涵不容忽视。教师通过引入多元文化元素，帮助学生拓宽国际视野，增强对不同文化的理解和尊重，从而培养出具有国际竞争力的英语人才。

（3）高校英语教师注重培养学生自主学习和终身学习的意识

高校英语教师鼓励学生自主探究、合作学习，激发学生的学习兴趣和内在动力，使学生能够在毕业后持续进行自我提升，不断适应社会发展的新需求。

综上所述，高校英语教师的素质教育观体现了他们对英语教育深层次的理解和追求。他们不仅致力于传授英语知识，更着眼于学生的全面发展，努力培养既具备扎实英语基础，又具备创新精神和国际视野的高素质人才。

3.终身教育观

终身教育，这一概念强调了教育并非局限于某一固定时期或单一环境，而是一种贯穿生命全程、覆盖多样情境的连续性学习历程。它主张个体在不同的人生阶段，依据自身需求和发展方向，主动寻求并参与各类教育活动，以实现自我完善、知识更新与能力拓展。终身教育观作为现代社会推崇的一种重要理念，其核心在于倡导"活到老，学到老"的人生哲学，鼓励每个人都保持持久的学习热情与求知欲望，视学习为一种生活方式而非阶段性任务。

英语教师应秉持终身教育的理念，以此驱动自身主动且持续地学习教育理论与专业知识，致力于提升个人的专业技能与思想境界，并适时更新职业观念，从而确保自己能不断适应职业环境与内容的动态变化。

（二）教师观

教师观，简而言之，是人们关于教师职业的一种基本认知、观点和期待，它涵盖了教师职业的本质特性、价值意义以及其所扮演的角色等多个维度。对于教师自身而言，他们的教师观则是对自己所投身职业的一种内在理解和期望。这种观念不仅深刻影响着人们对于高校英语教师职业的整体态度和行为取向，也在很大程度上塑造着高校英语教师对于自身职业的情感认同、价值追求和职业满足感。

1."教师"的内涵

教师，作为一个富含学术底蕴的概念，不仅象征着传授学问、启迪心智的身份，同时代表了一项承载重大社会责任与专业职能的职业。从教育学的角度来看，"教师"一词包含两层释义：广义与狭义。就广义而言，"教师"囊括了所有致力于知识传播与经验分享的个体，无论是口述历史的老者，还是在线上平台传授技艺的专家，皆属于此类别。这种宽泛的定义凸显了教育无界的精神，认可在任何形式下知识与智慧的交流共享。而在狭义层面，该术语特指那些经过系统性教育培训，具备专业资格，在正式教育机构，尤其是学校体系中，担当教学职责的个人。这类教师专注于传授科学文化知识，锤炼学生技能，培养道德情操，以及引导青年一代成长为社会所需的栋梁之材。在日常口语中，"老师"一词则常用于亲切称呼这些教育工作者，诸如"她是我的英语老师"或"他在学校任教"，这类话语简洁明了地传达了对方的职业身份。这种称呼方式拉近了师生间的关系，体现了教育领域的人文关怀。至于英文中的"teacher"一词，其含义亦双关。一方面，它标示出那个促进他人习得新知识的人物形象；另一方面，其指向了那些将教育视为职业，在校园中辛勤耕耘，全身心投入教学工作的专业人士。此语汇的双重含义，精准捕捉了"教师"角色的多种面貌及其在社会中不可或缺的地位。

仅罗列出各种各样的描述性的教师观无益于人们对教师的理解，人们需要的是一种易于理解而又能揭示教师职业基本属性的表述。1993年10月31日发布、1994年1月1日起实施的《中华人民共和国教师法》第三条规定："教师是履行教育教学职责的专业人员，承担教书育人，培养社会主义事业建设者和接班人、提高民族素质的使命。"

古今中外的哲学家、教育家、历史学家、思想家、文学家、政治家等从各自不同的立场和角度阐释了自己对教师职业的理解，有的论及教师的职责、有的论及教师的角色、有的论及教师的资格。

2. 高校英语教师职业特点

高校英语教师作为一种专业技术职业，不仅拥有一般职业所共有的属性，还具备其他职业所不具备的独特性质。

高校英语教师作为教育行业的重要一员，其职业特点鲜明且独特。首先，高校英语教师的工作具有明确的目的性。他们不仅要教授学生语言知识，还要培养学生的跨文化交际能力，为学生未来的发展打下坚实的基础。其次，他们的工作具有高度的社会性。教师不仅是知识的传播者，更是学生价值观的引导者和人生导师。他们的言行举止对学生的影响深远，因此，高校英语教师需要具备高度的社会责任感。高校英语教师的职业具有稳定性。一旦选择了这个职业，个体就需要长期坚守，不断学习和提升自己的教学技能。教师职业需要遵守一系列的职业规范和道德准则，以确保教学质量和学生权益得到保障。高校英语教师的职业还有一定的规范性。无论是教学大纲、课程标准还是评估体系原则，他们都需要严格遵守。

教师还需要具备一定的群体性，即与同行之间需要相互交流和合作，共同推动教育事业的发展。总的来说，高校英语教师职业的特点是目的性强、社会性强、稳定性和规范性明显，并且指向的是一个从业群体。这些特点不仅要求教师具备扎实的专业知识和技能，还需要他们具备良好的职业道德和素养，以保障教育质量。

作为高校英语教师，他们深知自己所从事的是一项复杂的脑力劳动，这份职业不仅具有角色多样性的特性，更在职业对象、内容和方式上显现出了独特之处。这种特殊性赋予了高校英语教师职业高度的创造性、灵活性和示范性。与工厂工人或医院医生不同，高校英语教师每次授课都要面对众多学生，每个学生都是一个独特且不断成长的个体，拥有自己的思维方式和认知方式。这种个体差异和情感态度的多变，无疑增加了教学的挑战性。从职业内容来看，高校英语教师的职责远不止于传授知识，他们还需要关注学生的生活，深入探索学生的内心世界，以及引导学生思考生存与生活的方式。这些不断拓展的职业内容要求高校英语教师必须具备终身学习的理念和技能。

高校英语教师深知，这一职业的个人价值和社会价值往往难以在短时间内得到充分体现。学生的成长是一个漫长的过程，可能需要数年甚至数十年才能看到教育的成果，也才能凸显出高校英语教师的价值。然而，这种价值的滞后性并不影响其深远性。高校英语教师的一言一行都可能成为学生人生中的重要转折点，他们的教诲和影响往往伴随学生一生。因此，尽管高校英语教师职业充满挑战，但其所带来的成就感和影响力是无法估量的。

3. 高校英语教师职业性质

高校英语教师这一职业是伴随着学校教育的兴起而逐渐形成的，其产生与发展离不开社会生产力的进步以及社会分工的细化。纵观历史，人们对教师职业的认知并非静止不变，而是随着对教育理解的加深和自我认知的提升而不断演变。从整体来看这一职业角色经历了由"工匠"向"专业人士"的显著转变，而在1999年5月正式发布的《中华人民共和国职业分类大典》明确地将"教师"归类为"专业技术人员"。

高校英语教师不仅是英语知识的传播者，更是学生全面发展的促进者。作为语言教师，他们精通英语语言学知识，通过系统的教学计划和科学的教学方法，帮助学生掌握英语听、说、读、写、译等各项技能，提升学生的语言综合运用能力。同时，他们注重培养学生的语言学习策略，引导学生形成自主学习的习惯，从而为终身学习打下坚实的基础。在全球化日益加深的今天，高校英语教师更是扮演着跨文化交流使者的角色，他们通过引入多元文化元素，培养学生的国际视野和跨文化交际能力，使学生能够更好地适应全球化时代的挑战。此外，高校英语教师还承担着学术研究的重任，他们通过深入研究英语语言学、文学、文化等领域的前沿问题，推动学科发展，为提升我国英语教育水平贡献力量。这一职业要求高校英语教师具备扎实的专业素养、丰富的教学经验、敏锐的学术洞察力以及良好的沟通能力和团队协作精神。他们不仅需要不断更新自己的知识储备，以应对不断变化的教学需求和学生特点，还需要关注学生的个体差异和多元化需求，提供个性化的教学指导和服务。因此，高校英语教师职业性质具有高度的专业性、挑战性和发展性，他们在培养高素质英语人才、推动文化交流与合作等方面发挥着不可或缺的作用。

4.高校英语教师职业价值

高校英语教师在工作中的职业价值主要包括社会价值和自我价值两方面。

（1）社会价值

高校英语教师职业的社会价值主要由高校英语教师的社会角色、责任及其所承担的社会功能所决定的，是指高校英语教师对他人、集体、国家、社会和人类都有巨大贡献，能够为社会进步和人类发展提供精神财富，能够为国家和社会培养出合格的建设者和接班人。

（2）自我价值

高校英语教师职业的个人价值也被称为高校英语教师职业的自我价值，主要是通过其社会价值的实现而实现的，即高校英语教师培养的学生对社会做出了贡献并得到了社会认可，从而使高校英语教师的个人价值得到体现。

高校英语教师的职业价值具体体现在以下几个方面：第一，他们是语言知识和文化的传播者。通过精心的教学，他们不仅传授学生英语知识，更引导学生领略英语背后的文化内涵，从而增强了学生的跨文化交流能力。在这个过程中，高校英语教师扮演着桥梁的角色，连接着不同文化和语言的世界。第二，高校英语教师承担着培养学生批判性思维能力的重任。在英语教学中，他们鼓励学生独立思考，分析文本背后的深层含义，从而锻炼学生的批判性思维。这种能力对于学生未来的学术研究和职业发展都至关重要。第三，高校英语教师还是学生的人生导师和职业规划者。他们不仅关注学生的学业成绩，更致力于帮助学生发现自己的兴趣和潜力，引导学生规划未来的人生道路。在这个过程中，高校英语教师的建议和指导往往能为学生指明前行的路。此外，高校英语教师在推动英语教学改革和创新方面也发挥着关键作用。他们不断探索新的教学方法和手段，以适应不断变化的教育环境和学生需求。这种创新精神不仅提升了教学质量，也为英语教育的持续发展注入了活力。

5. 高校英语教师职业角色

高校英语教师职业角色是指处在教育系统中的高校英语教师所表现出来的、由其特殊地位决定的符合社会对高校英语教师职业期望的行为模式。这些期望可能源自高校英语教师群体内部或个人，但它更广泛地来自社会公众、管理层、学生及其家长等多元主体。由于各主体对高校英语教师的角色期待和行为模式各不相同，这些期望之间难免产生冲突，进而给高校英语教师带来角色上的压力，成为其职业发展过程中的压力源。

由于高校英语教师角色的多重性，高校英语教师所承担的职责也各不相同，有作为社会公民应当承担的社会职责、作为教育工作者应当承担的教育职责、作为高校英语教师共同体成员应当承担的管理职责、作为家庭成员应当承担的家庭职责等。高校英语教师对自己职业角色的定位是教师观的重要内容，也是影响他们对高校英语教师职业价值判断、职责认识和职业发展的重要因素。因此，作为英语教师，要准确认识与定位自己的职业角色，只有这样，才能更好地适应高校英语教师职业的压力，才能更好地获得高校英语教师职业的发展。

英语教师对自身职业角色的认知深刻影响着他们的职业态度、行为倾向，以及职业发展的速度和质量。对于即将踏入教育行业的职前英语教师而言，他们的职业角色观念——无论这些观念是基于现实还是想象——大多是其在师范院校或其他英语教育机构接受专业教育的过程中逐步塑造的。

(三)学生观

学生观,简而言之,是人们对学生的看法与态度,它涵盖了对学生本质特征及其在教育体系中所处位置与功能的认知。对于高校英语教师而言,他们的学生观特指他们如何理解和看待学生,即他们对学生在教育教学活动中所扮演的角色、所处的地位以及所发挥的作用的见解。

高校英语教师深知,他们的学生观对于教学实践中的态度和方法选择具有决定性影响。这种观念不仅关乎如何对待和评价学生在教学中的地位和作用,更影响着高校英语教师对待学生学习和参与课堂的态度,决定着教学模式和方法的选用,以及如何处理学生间的差异。

在教育的历史长河中,存在着两种截然不同的学生观:一种是以教师为中心,如赫尔巴特所倡导的,视学生为可塑造的对象,强调教师的权威和控制;另一种则是以学生为中心,如杜威所提出的,他认为学生是发展中的主体,拥有独立思维和建构能力。高校英语教师明白,坚持以高校英语教师为中心的学生观可能导致其忽视学生的真实需求和主体性,而将学生视为被动接受知识的容器。相反,以学生为中心的学生观则鼓励高校英语教师将学生视为发展中的个体,尊重他们的独立性和批判性思维。

《国家中长期教育改革和发展规划纲要(2010—2020)》强调尊重学生的主体性和主动性,这与高校英语教师的理念不谋而合。他们深知,学生不仅是学习的主体,更是具有权益的个体。因此,教师在教学过程中应充分调动学生的积极性,提供适合他们发展的教育。

对于高校英语教师而言,树立以学生为中心的学生观意味着他们要全面关注学生的成长和发展。他们需要理解学生之间的差异,并努力实施个别化、差别化教学,以体现"因材施教"的教育思想。高校英语教师不仅是知识的传授者,更是学生发展的引导者和伙伴。他们应尊重学生的个性特征和发展潜能,致力于促进学生的全面、综合发展,这包括体格、心智、品行和能力等各个方面的发展。

在这种学生观的指导下，高校英语教师将更好地履行他们的教育职责，为学生的成长和发展贡献自己的力量。

（四）课程观

课程的概念蕴含着深层的教育哲学思考。从本质主义与非本质主义的辩证视角出发，课程的本质经历了一场从预设到生成的演变旅程。在此过程中，学者通过对"课程"这一概念的深度剖析，将其发展历程归纳为从"课"到"程"，再到融入"教师之教""学生之学""社会目标与价值"的递进扩展链条，并最终提炼出了"筏喻的课程观"。这种解读实际上是以价值取向的变迁为主线，从纯粹的知识导向，过渡到注重教学过程的体验，再延伸至强调社会背景下的课程定位，然而，它未能充分展现教师与学生作为"人"的主体性地位。此后，人本主义课程观、生命课程观、发展性课程观及兴趣课程观等一系列观点的提出，正是基于教育者对"人"在课程中核心地位的关注，这些观点凸显了个体在学习过程中不可替代的作用。这里的"人"，不再是空洞模糊的符号，而是鲜活立体的存在，他们有着独特的经历、情感与憧憬，在成长的轨迹中不断地自我发现与重塑。学校教育的独特之处，恰恰体现在它能通过专业师资与精心设计的课程，向所有学生提供平等获取知识的机会，以促进其全面发展。正如塞格曼所倡导的那样，人的健康成长离不开知识的滋养，这不仅是对智力开发的追求，更是对人性深化、人格完善的呼唤。在这个意义上，课程不再仅仅是知识传输的工具，还是连通个体心灵与广阔世界的桥梁，它允许每个参与者都能在其中找寻自我，实现生命的丰盈与升华。由此观之，课程的真正魅力，在于它能够促进每一个具体的生命体去探索未知，拥抱成长，让教育回归"人"的初心与真谛。

在高校英语教育生态系统中，教师与学生是核心与关键的要素，这两者的交互构成了英语课程的核心动态。在这一体系内，教师与学生均会对英语课程产生直接影响，同时他们经由英语课程相互作用，能够形成一个复杂的互动网络。这种互动不仅关乎知识传授，更会深刻影响学生的个性塑造与发展。随着教育理论及实践的进步，人们对于教师角色与学生角色及二者关系的认知也在不断深化。从最初的简单师生传授模式到如今更加注重互动、合作与创新的教学理念，我们见证了教育思想的演变。在这个过程中，教师不再仅仅是知识的灌输者，还是引导者、激励者与合作者，与学生一起探索知识的海洋，共同构建有意义的学习经历。同样，学生也不再被动接收信息，而是被鼓励成为主动参与者，在教师的引领下进行探究式学习，并培养起自身的批判性思维与自主学习能力。这种双向互动的教学模式极大丰富了教育内涵，使得高校英语课程成为促进学生成长与发展的有效工具。

高校英语教师对英语课程的理解程度、处理方式等都将直接影响学生能够从英语课程中受益的程度。也就是说，高校英语教师的英语课程教学能力将影响或决定学生的学习效果，或者说影响或决定英语课程的效果。因此，高校英语教师应当积极参与英语课程决策、英语课程规划、英语课程制定、英语课程实施和英语课程评价（反思），并在这一系列英语课程活动过程中发挥积极作用。此外，不同年级的高校英语教师可以相互合作并参与课程规划，以确定不同学段学生应当掌握的技能。

从高校英语教师的角度出发，高校英语教师与英语课程两者之间的关系分为独立型关系、交互型关系以及渗透型关系三类。

1. 独立型关系

在高校教育体系中，英语教师与英语课程被视为两个相对独立的实体，它们各自以不同的方式对学生这一子系统产生影响。英语课程通常由专家设计制定，而高校英语教师则主要负责执行这些课程。

2. 交互型关系

高校英语教师与英语课程看似各自独立，但实际上二者之间存在着密不可分的互动联系，彼此之间的影响深远而复杂。教师在英语课程活动中发挥着至关重要的作用，他们的参与不仅能促进课程的有效实施与创新，还能确保课程更加贴近学生的实际需求与期望，从而使其结构与内容趋于科学化与精细化。同时，课程的灵活性与丰富性会因教师的个性化贡献而得到提升，这进一步加强了教育实践与理论之间的衔接。从教师职业成长的角度来看，课程活动能够为高校英语教师提供宝贵的平台，通过课程决策、开发、制定、实施与评价等环节的亲力亲为，教师可以获得宝贵的实践经验与启示，进而增强自身的课程开发与管理的能力。这一系列过程能够激发教师的课程意识，促使他们深入理解课程的本质与精神，同时强化他们对教育的热情与责任感，这有利于教师的专业发展。在与课程的紧密接触中，高校英语教师得以反思自身的教学策略、知识结构及专业素养。他们有很大的空间去判断其是否与课程标准相匹配，进而有的放矢地调整与提升。课程活动促使教师深入探究教学艺术，重新审视教育理念，对照课程要求自省，继而采取针对性措施改善不足，实现自我完善与突破。此外，教师通过教育实践后的深刻反思，能加速个人成长步伐，使自己迈向更高水平的专业境界。反过来，高校英语教师的发展状态直接关乎课程活动的效果。教师的教育理念，特别是他们对于英语课程的认知深度，决定了其参与课程活动的积极性与成效，以及他们能否准确领会课程意图，保证教学质量。因此，教师的成长速度与成熟度直接影响着课程活动的顺利开展与成果呈现。

高校英语教师作为课程决策者中的一员，享有发言权与知情权，在与多方协作下，他们可以通过沟通协商达成共识。课程变革能激励教师深刻理解其价值，并通过主动参与来为自己寻求职业成长机遇，实现双方互促共进。教师在管理中有机会进行自我赋能，进而增强对课程的认知，并提升管理水平。

高校英语教师参与英语课程变革反映了一种高校英语教师与课程整合的观点。高校英语教师通过参与英语课程决策、英语课程制定、英语课程实施、英语课程评价等英语课程活动，一方面能够获得课程赋权，提高课程能力；另一方面能够更好、更深入地理解英语课程，为更准确地开展英语课程教学奠定基础。这最终会促进高校英语教师的专业发展，也可能加速高校英语教师的职业发展。

3. 渗透型关系

随着教育改革步伐的加快，人们开始更加关注高校英语教师的职业成长，并强烈呼吁在课程活动中赋予教师们更多的权利，鼓励并发挥他们在课程设计与实施中的创造性才能。

高校英语教师不仅是课程执行者，更是课程的核心组成部分，他们需要与学生共创课程中心。他们的体验源于教学、生活与课程解析中的感悟，蕴含独特情感与见解。教师需要将个人知识、经历及情感投入课程，创造新资源，使自己成为宝贵的课程元素，并随职业生涯不断发展。教师的情感态度、价值观等人格特质会潜移默化地影响学生。在此基础上，师生可以携手共解课程，构建共识，以赋予课程深远意义。课程是承载丰富教育意义的活文本，高校英语教师需要与课程专家共享审议权利，共同塑造课程内涵。

高校英语教师的课程能力是获得和促进职业发展的重要基础，因此高校英语教师要正确处理与课程的关系。从高校英语教师专业发展角度来看，"教师外在于课程说"和"教师与课程良性互动说"两种关于教师与课程关系的不同观点引向了"适应式发展论"和"互动式发展论"两种教师专业发展的不同思路。只有突破"实用主张"的课程价值观、"公共视野"的课程文化观、"工具理性"的课程知识观以及"技术主义"的课程教学观，构建起基于"文化—个人"观取向的课程观，高校英语教师才能真正实现基于课程发展视域的专业成长。由于对"教师"和"课程"理解的多样性，在理解两者之间的关系时也会有不同的视角和观点，但总的来说，对课程与高校英语教师关系的关注和反思，反映了研究者关于课程研究和高校英语教师研究的思考深度。

二、教师职业道德

任何一种职业诞生之后，与其特质相契合的职业伦理便会逐渐孕育而生。当高校英语教师作为一项职业步入公众视野之后，其专属的职业道德规范也自然成型。简而言之，高校英语教师的职业道德，作为职业道德在高等教育领域的具体体现，是他们在教育实践中应当遵守的一套行为指南，其主要涵盖处理人际关系、维护师德风范等方面的核心原则。它是高校英语教师在履行职责期间，需遵循的处事守则，用以协调教师内部、师生之间、教师与团队间的互动，以构建一套完整的行为标准与道德框架。

具体而言，高校英语教师的职业道德，指的是在高等教育领域，教师群体在履行教书育人的神圣职责时，必须恪守的一系列人际交往规则的集合。这些准则构成了教师与教师之间、教师与其他相关人员及团体相处时，所应秉持的原则与规范，旨在构建和谐的工作氛围，保障教育活动的顺利展开。其核心在于，每一位高校英语教师在进行学术传授与人格塑造的过程中，都应时刻铭记尊重、诚信、公正与关爱的重要性，将个人品德修养置于首位，树立良好师表，践行高尚师德。通过积极构建健康的人际网络，维持良好的职业道德风尚，高校英语教师不仅能在教育战线上立稳脚跟，更能赢得同行与学生的信赖与尊重，从而营造出一个充满正能量的教育生态环境。教育部编写的《高等学校教师职业道德修养》中提出："高校教师职业道德，也即高校教师的职业道德，是高校教师在从事教育劳动过程中形成的比较稳定的道德观念、道德品质和行为规范的总和。"[1]

（一）依法执教

对于高校英语教师而言，依法执教意味着他们必须严格遵守法律法规，在法律规定的框架内开展教育活动。法律作为国家稳定与繁荣的基石，为社会各行各业设定了明确的义务和权利，教育行业同样受到其规范。自中华人民共和国成立

---

[1] 教育部. 高等学校教师职业道德修养[M]. 北京：北京师范大学出版社，2000.

以来，教育一直受到党和国家领导人的高度重视，通过制定教育方针和一系列相关法律法规，国家为高校英语教师在实现教育目标、培养高素质人才方面提供了明确的方向。

以《中华人民共和国教育法》为例，其第五条明确规定，教育必须服务于社会主义现代化建设，与生产劳动相结合，致力于培养德、智、体全面发展的社会主义事业建设者和接班人。这一规定为高校英语教师提供了宏观的指导原则，要求他们在传授知识的同时，注重提升学生的综合素质。

此外，《高等学校教师职业道德规范》也对高校教师的行为提出了具体要求。其第一条便强调教师要爱国守法，热爱祖国，热爱人民，拥护中国共产党的领导，拥护中国特色社会主义制度。高校英语教师须遵守宪法和法律法规，贯彻党和国家的教育方针，依法履行教师职责，维护社会稳定和校园和谐。他们不得发表损害国家利益、不利于学生健康成长的言行。

作为教育工作者，高校英语教师应全面贯彻党和国家的教育方针，自觉遵守法律法规，坚持依法执教。这样，他们既拥有法律法规所赋予的权利，又要充分履行自己的义务。反之，若违背法律法规，则不仅触犯法律，也违背了高校英语教师职业道德的基本要求。

（二）教书育人

教育宗旨远超知识传授范畴，涵盖塑造青年品格，指引人生方向的崇高使命。高校英语教师这一角色，不仅是学问的传播者，更是灵魂工程师，他们致力于培养学生的健全人格，引导他们树立正确的世界观、人生观和价值观。这表明，教师不仅要专注于学术领域，还需倾力于德育建设，引导学子涵养道德情操，树立公共精神，全面发展。教育的核心使命由此确立：双轨并行，知行合一。教师于传道授业解惑之际，更要躬身示范，以言行润物无声，播种良善种子，滋养学子心灵。此乃教师根本职责所在，亦为教育终极追求。这一使命呼唤教师心中常驻责任与爱，以包容之心对待广大学生，悉心倾听他们的成长烦恼，并耐心为其指引迷津；以慧眼识才，挖掘每位学生潜质，鼓励创新与探索；以谦逊之态，与学子共研真理，共享智慧光芒。在这一过程中，教师不仅是学生的引路人，更是学生的同路人，他们需要与学生一道探索未知，共同成长。

根据《中华人民共和国教育法》的规定，社会主义教育的核心目标是培养社会主义革命事业的接班人，为社会主义现代化建设输送人才。这一法规为高校英语教师提供了宏观的教育方向。

教育部和教科文委联合颁布的《高等学校教师职业道德规范》第三条也明确指出，高校英语教师的职责是教书育人，他们应坚持育人为本、立德树人的原则。这需要高校英语教师遵循教育的基本规律，实施素质教育，引导学生将思考与行动相结合，并根据其个性和兴趣进行有针对性的教学，以持续提升教育质量。该规范还特别强调，高校英语教师应尊重学生个性，推动其全面发展，并避免从事可能影响教学工作的其他兼职。

在知识快速更新的今天，唯有不断学习，高校英语教师才能适应教育发展的需求，跟上时代的步伐，满足教书育人的要求。

教书育人，看似简单，实则复杂。任何事物都有其内在的规律性，高校英语教师要想教好书、育好人，就必须掌握教育的内在规律，并按照这些规律来办事。大量实例证明，正确的方法能够达到事半功倍的效果。

面对具有较高文化水平、性格鲜明的大学生群体，高校英语教师必须从学生的实际情况出发，深入了解每个学生的具体情况，并运用恰当的教学方法，以促进学生的健康成长和全面发展为己任。

（三）为人师表

要想在教学过程中取得优异的教学成绩，高校英语教师需要在学生中建立起较高的威信。高校英语教师不仅是知识的传授者，更是学生道德品质学习的楷模。因此，高校英语教师的一言一行都显得非常重要。

高校的学生虽然思想品德和道德修养已初步形成，但仍具有可塑性。高校英语教师的言行举止，无论在课堂上还是课堂外，都会对学生产生深远的影响。这就要求高校英语教师必须为人师表，通过自己的高尚品行来自然地引导学生，达到"不言之教，无为而成"的教育境界。

遵照教育部与教科文委联合颁布的《高等学校教师职业道德规范》之第六条规定，高校教师肩负重任，务必做到以身作则，成为楷模。他们不仅要学识渊博，堪为学术榜样，更需品行高洁，举止端庄，彰显君子风范，以崇高的职业道德、非凡的人格魅力及深厚的学术修养，熏陶学子，感召世人。在现实生活中，教师应当淡泊名利，志趣远大，始终恪守学术诚信，严谨治学，无私奉献。此外，他们还要于学识上传承经典，创新理论，引领学术潮流；于德行上修身齐家，立己达人，展现仁爱宽厚，激励其成长为国之栋梁。同时，他们还应带头遵守社会公德，维护社会正义，引领社会风尚，因此，他们的言行举止都要文雅正直，文明得体。

高校英语教师在学生中的威信与其教学效果紧密相连，威信越高，教学效果往往越好，反之，则可能远远达不到预期的教学效果。威信的建立，最基本的要求是高校英语教师需具备高尚的道德品质和精湛的业务水平。其中，业务水平是基础，道德品质则是关键。在教书育人的过程中，高校英语教师不仅要通过语言来传授知识，更要通过自己的言行来达到育人的目的，正所谓"育人先育己"。作为高校英语教师，他们应当不断努力学习，充实自己的知识储备，提高自身的综合素质，以便更好地履行"传道、授业、解惑"的职责，从而真正成为学生成长道路上的指路明灯。

（四）敬业爱生

对教师而言，敬业意味着对本职工作的深厚热爱，对教育事业的专注投入，以及恪尽职守、履行社会义务的精神。这种精神不仅是最基本的职业道德规范，更是推动教育事业发展的不竭动力。

中共中央在《公民道德建设实施纲要》中明确倡导以爱岗敬业、诚实守信、办事公道、服务群众、奉献社会为主要内容的职业道德。这一倡导为高校英语教师树立了明确的职业标杆，鼓励他们在工作中积极发挥建设者的作用，为教育事业贡献力量。

教育部和教科文委联合颁发的《高等学校教师职业道德规范》第二条明确规定，高校教师要敬业爱生。这不仅要求他们要忠诚于人民教育事业，树立崇高的职业理想，更要以人才培养、科学研究、社会服务和文化传承创新为己任。在这一过程中，他们需要恪尽职守，甘于奉献，坚持终身学习，不断刻苦钻研，以提升自身的专业素养和教育教学能力。

同时，高校英语教师还需真心关爱学生，严格要求学生，并公正对待每一位学生，努力成为学生的良师益友。在敬业爱岗的同时，高校英语教师还应具备仁爱之心，关心学生的成长进步，为他们的全面发展提供有力支持。

敬业与爱生是密不可分的。教书育人的根本目的是培养人才，而敬业和爱生则是实现这一目的的重要保障。敬业精神体现在高校英语教师对学生的无私关爱和耐心教导上，而爱生则彰显了高校英语教师对教育事业的忠诚和热爱，二者相辅相成，共同构成了高校英语教师崇高的职业道德风范。

（五）严谨治学

在社会的持续发展过程中，人才是重要的推动力量，而高校英语教师则是这些人才培养的关键一环。他们肩负着教书育人的崇高职责，这就要求他们在教学工作中必须一丝不苟，决不能敷衍塞责。特别是在当今知识更新迅速的时代背景下，高校英语教师更需具备严谨的治学态度，以紧跟时代步伐。

高校英语教师的工作直接影响着高素质人才的培养，因此，严谨治学对他们而言尤为重要。他们需要刻苦钻研业务知识，不断学习和掌握新的学术成果，积极探索和创新教育教学方法。

严谨治学不仅是高校英语教师个人良好学风的体现，更是他们个人素质的集中展现，是高校英语教师职业道德中不可或缺的重要原则。通过严谨治学，高校英语教师能够为学生树立榜样，引领他们走向学术的殿堂，从而为社会的繁荣和发展贡献自己的力量。

第二节　教师职业知识

职业知识，对于任何行业的从业者而言，都是履行岗位职能、完成工作任务不可或缺的基础要素，具体体现为一套成熟且体系化的认知架构。至于教师，其职业知识尤为关键，涵盖预备与在职阶段所需，旨在赋能教育实践，是教师综合素质的基石之一。依据国内教师专业准则与教育课程设定，一位称职教师应具备四大核心知识模块：第一，学生发展知识，即深入了解青少年身心变化规律，把握不同年龄段特征，能精准定位教育切入点，以促进个体健康成长。第二，学科知识，即精通所教学科精髓，追踪学术前沿，拥有扎实的专业基础，可确保教学质量，激发学生求知欲。第三，教育教学知识，即掌握现代教育理论与实践技巧，能灵活运用教学模式，设计有效课程，优化学习体验。第四，通识知识，即涉猎广泛，博采众长，融合文史哲艺等多个领域，满足素质教育要求。上述四维知识框架，是教师专业成长的核心支柱，它们能帮助教师在纷繁复杂的教育环境中游刃有余，完成知识传授与人格塑造的双重使命。教师唯有深谙此道，方能在讲台上演绎精彩，启迪未来社会发展之栋梁。

知识结构是知识的搭配、组合、排列以及由此形成的各种关系，知识是知识结构的核心。人类知识具有层次差异性，而且是在不断发展变化和丰富的。不同行业有不同的知识结构要求，不同个体有不同的知识结构。个体要在社会中谋得生存和发展，必须具备一定量的知识及相应的知识结构。个体的知识结构必须符合行业的要求，必须符合岗位的要求，否则就无法适应或不能胜任。现代社会、经济、文化、科技等发展变化很快，每时每刻都有新知识、新技能产生，因此个体必须有不断学习、终身学习的理念和能力，才能保持对自己职业的适应，才能获得职业的发展。

在信息爆炸的时代背景下，个体所掌握的知识不再局限于单一领域，而是呈现出多元化、交叉化的特征。这一趋势促使我们重新审视和构建个人知识体系，使之更加系统化、立体化。在此过程中，"宝塔"型、"蛛网"型和"幕帘"型知识结构应运而生，它们各自代表了不同维度下知识组织的独特方式。

第一，"宝塔"型——层级深化的专业精进。"宝塔"型知识结构，象征着在知识领域的深度挖掘与专业领域的纵向深耕。在这种模式下，底层是宽泛的基础理论与通用技能，它是稳固的地基，随着层次上升，知识内容愈发专业化，直至塔尖的学科前沿研究，这既是对基础的延伸，也是对专业的极致追求。这种结构强调的是知识的深度与专业性，旨在培养某一领域的专家型人才。

第二，"蛛网"型——横向扩展的跨界融合。相较于"宝塔"型的纵深发展，"蛛网"型则更注重横向的广泛联结。它以某个核心知识点为中心，向外辐射，与相关领域建立关联，形成一张知识网络。这样的知识结构能够促进跨学科思维的发展，增强解决问题时的创新性和灵活性，适合个体应对复杂多元的工作环境和社会需求。通过链接多个领域的知识，个体可以成为具备综合视角和解决复杂问题能力的通才。

第三，"幕帘"型——行业匹配的垂直深化。"幕帘"型知识结构聚焦于行业知识与个体需求的高度契合。它强调的是从行业标准出发，分析个体知识在行业中的位置以及与行业整体知识体系的对接情况。这种结构有助于个体明确自己的学习方向，可确保其所学知识既有深度又符合行业发展趋势，从而提升个人的职业竞争力和人生价值。

真正具备渊博知识的人往往不会拘泥于单一的结构，而是会灵活运用这三种结构，并根据实际情况进行调整组合，形成复合式知识体系。例如，在职业生涯的不同阶段，个体可能侧重于某一种类型的结构；而在面对具体项目或挑战时，个体则需调用多种知识资源实现广度与深度的有效结合，如此一来，既能保持个人知识体系的动态平衡，也能满足个体不断变化的学习与发展需要。

作为承担教育教学工作的专业技术人员，高校英语教师应该具备什么样的知识结构呢？国内外研究者对此进行了长期的研究。很多研究者认为，从知识领域的角度来看，高校英语教师应该具备一般科学文化知识、学科专业知识和教育专业知识。有研究者对国外关于教师知识（teacher knowledge）的相关理论进行了梳理，包括舒尔曼的"教学推理和行动模型"、科克伦的"PCK发展结构模型"、盖斯－纽莎姆的两种教师知识模型、特纳－比塞特的学科教学知识模型，进而把高校英语教师知识分为本体性知识、条件性知识、实践性知识和一般文化知识四种。有研究者指出，"项目引导型"和"机构驱动型"管理机制各有利弊。还有研究者从基础教育改革的背景出发，把高校英语教师知识结构分为"三个基础知识"（科学文化和哲学思维知识、学科内容知识、一般教育学心理学知识）、"五个支撑知识"（一般性教学法知识、教育情景知识、关于学生和学生学习的知识、课程知识、教育政策法规知识）和"两个核心知识"（教师自我知识、学科教学法知识）。

我国《教师专业标准》对教师专业知识的构成也做了明确描述，包括教育知识、学科知识、学科教学知识和通识性知识。教育知识即教育理论基础知识，包括教育原理与方法、班级管理策略、学生身心发展规律和特点、学生群体文化与学生行为，以及学生的思想意识发展过程。学科知识即教师所教授学科的知识体系和内容、所教授学科与其他学科和社会的关系。学科教学知识即教师如何向学生有效教授学科知识体系和内容的知识，包括相应学科的课程标准、课程知识、学生的认知特点与教学策略和方法。通识性知识即通识知识或一般科学文化知识，包括与所教授学科相关联的自然科学和人文社会科学的知识、艺术鉴赏知识、中国文化与教育知识以及信息技术知识。

高校英语教师的学科知识是一个综合而复杂的体系，它涵盖了英语语言本身的知识、英语语言文化的知识以及英语教学相关的知识。这些知识的综合运用，对于提升教学质量、培养学生的语言能力和跨文化交际能力具有重要意义。

一、英语语言本身的知识

（一）发音规律

高校英语教师需要掌握英语的发音规律，包括音标、音节、重音、语调等。发音是语言学习的基础，准确的发音不仅有助于提升学生的口语表达能力，还能增强他们的听力理解能力。教师需要能够准确示范英语发音，并具备纠正学生发音错误的能力。为此，教师应了解发音的生理机制，掌握正确的发音技巧，如舌位、唇形、气流等，以便在教学中有效地指导学生。

（二）词汇知识

英语词汇是语言学习的核心。教师需要深入了解英语词汇的分类、词义、构词法以及词汇在不同语境中的用法。对词汇进行分类可将其分为名词、动词、形容词、副词等，教师需要了解各类词汇的特点和用法。词义方面，教师需要掌握词汇的基本义、引申义、同义词、反义词等，以便在教学中帮助学生准确理解词义，避免混淆。构词法方面，教师应了解派生、合成、转化等构词方式，帮助学生扩大词汇量，提高词汇运用能力。此外，教师还需了解词汇在不同语境中的用法，如正式语境、非正式语境、口语语境、书面语境等，以便在教学中指导学生正确使用词汇。

（三）语法和句法

英语的基本语法规则和句法结构是语言学习的重要组成部分。教师需要掌握英语的时态、语态、语气、非谓语动词、从句等语法现象，能够解释这些语法现象在句子中的运用，并指导学生正确运用。同时，教师需了解英语的句法结构，如句子成分、句子类型、句子结构等，以便在教学中帮助学生理解句子的构成和逻辑关系。通过掌握语法和句法知识，教师可以有效提升学生的语言准确性和流利性。

二、英语语言文化的知识

（一）英语国家的历史、地理、政治

了解英语国家的历史、地理、政治背景对于理解英语语言和英语文化具有重要意义。教师需要了解英语国家的历史发展脉络，包括重要历史事件、历史人物、历史阶段等，以便在教学中帮助学生理解英语国家的历史背景和文化传承。在地理方面，教师需要了解英语国家的地理位置、地形地貌、气候特征等，以便在教学中为学生提供丰富的地理知识。而在政治方面，教师需要了解英语国家的政治制度、政治体制、政治历史等，以便在教学中帮助学生理解英语国家的政治背景和社会现状。

（二）英语国家的经济、社会、文化

经济、社会、文化方面的知识是理解英语国家的重要窗口。教师需要了解英语国家的经济发展状况、经济结构、经济政策等，以便在教学中为学生提供经济方面的背景知识。在社会方面，教师需要了解英语国家的社会制度、社会结构、社会问题等，以便在教学中帮助学生理解英语国家的社会现状。在文化方面，教师需要了解英语国家的文化传统、文化习俗、文化节日等，以便在教学中为学生提供丰富的文化知识，增强学生的文化认同感。

（三）英语国家的风俗习惯、宗教信仰

风俗习惯和宗教信仰是英语文化的重要组成部分。教师需要了解英语国家的风俗习惯，如礼仪、习俗、节日庆典等，以便在教学中为学生提供文化方面的背景知识，帮助学生理解英语国家的文化习俗。在宗教信仰方面，教师需要了解英语国家的主要宗教、宗教教义、宗教仪式等，以便在教学中为学生提供宗教方面的背景知识，帮助学生理解英语国家的宗教信仰和文化传承。

第三节　教师职业能力

职业能力是直接影响职业活动效率和职业活动顺利进行的职业心理特征，或是"个体将所学的知识、技能和态度在特定的职业活动或情境中进行类化迁移与整合所形成的能完成一定职业任务的能力"[①]。

每一种职业都有其独特性质，都对应着一系列特定的职业能力需求，即便是同一职业，在职业生涯的不同阶段，其对从业者能力的要求也会有所变化。通常认为，职前阶段积累的职业能力是踏入职场门槛的关键，它是从业者初步胜任岗位的基础；入职后获取的能力，则是从业者在职业道路上持续进步的动力源泉，是其有效应对行业挑战、实现个人价值的坚实支撑。相较于职前，入职后习得的职业能力在广度、深度与层次上更为全面与精深，这主要涵盖了更广泛的技能组合与高级认知技巧，为个体的职业生涯铺设了坚实的基石。

职业素养整合了职前与入职后习得的各项能力，是一个人综合素质的重要维度，是我们衡量一个人专业水平与适应力的标准之一。面对纷繁复杂的职业选项，个人的选择不应仅凭一时喜好，也不宜过分偏重某方面的考量——不论是职

---

① 邓泽民，陈庆合，刘文卿. 职业能力的概念、特征及其形成规律的研究[J]. 煤炭高等教育，2002（2）：104-107.

业的社会地位、发展潜力抑或福利待遇。根据职业选择理论，明智的职业抉择源于个人能力与岗位需求的高度吻合，唯有两者兼备，方能收获真正的职业成就感与幸福感。鉴于职业环境、工作内容随时代演进而不断变化，原有的技能储备可能会遭遇失效的风险，导致个体的职业压力陡增。此时，从业者亟须更新升级自身技能库，以期攻克难关，开拓职业前景。为此，秉承终身教育的理念，掌握高效学习的方法论对于任何一个社会个体而言，都显得至关重要，因为其能在为个体职业成长赋能的同时为个人竞争力加码。参与在职培训，及时补充能量，同样是社会个体强化职业能力、深化职业素养、推动职业生涯蓬勃发展的有效手段。

高校英语教师的职业能力或者专业能力，是区别于其他职业人员的重要标志。关于教师职业能力的内涵，有研究者认为它是"根据特定的对象，在特定的情境中从事教学、班队管理和教育探索的能力"[①]。对于高校英语教师来说，他们的职业能力是在学校教育情境中完成教育和管理学生等工作所需要的基本职业活动能力，是在教育和教学实践活动过程中，运用自己的职业理念和职业知识而逐渐形成和发展起来的专业技能。高校英语教师的职业能力反映了一个高校英语教师运用职业知识或经验，来完成英语教育教学任务的熟练程度和水平。

在我国教育领域，英语教师的专业能力构成一直是研究的热点话题。有研究指出，英语教师的专业能力不仅包括基础性能力，如沟通能力、教学设计能力、教学监控能力等，还包括发展性能力，如合作研究能力、课程开发能力、创新能力、知识管理能力和发展规划能力等。这些能力的综合提升，对于英语教师提高教学质量、培养学生英语综合能力具有重要意义。

---

① 朱嘉耀. 教师职业能力浅析[J]. 教育研究，1997（6）：71-73.

一、基础性能力

（一）沟通能力

一名优秀的英语教师需要具备良好的沟通能力，这涵盖了出色的口头表达能力和精准的书面表达能力。良好的口头表达能力意味着教师能够用清晰、准确、富有感染力的语言来讲解英语知识，将复杂的语法规则、词汇用法以及文化背景等以易于理解的方式传达给学生，从而帮助学生更好地掌握英语这门语言。同时，通过生动的讲解和恰当的举例，教师可以激发学生的学习兴趣，引导他们主动思考和探索，进一步提升学习效果。而精准的书面表达能力则体现在教师能够编写出结构清晰、逻辑严密、语言规范的教案、课件以及作业评语等教学材料上。这些材料不仅有助于学生系统地复习和巩固所学知识，还能为他们提供正确的语言示范，帮助他们在实际应用中避免出现常见的语法和拼写错误。

此外，良好的沟通能力还能够极大促进师生之间的有效互动。教师可以通过提问、讨论、角色扮演等多种方式，鼓励学生积极参与课堂活动，发表自己的观点和看法，从而及时了解学生的学习情况和需求，以便调整教学策略，提供更加个性化的指导。这种积极的互动不仅能够营造出一个活跃、和谐的学习氛围，还能增进师生之间的了解和信任，为建立良好的师生关系打下坚实的基础。

（二）教学设计能力

教学设计能力是英语教师不可或缺的基本功之一，它直接关系到教学质量与学生学习成效的提升。这一能力要求教师能够全面、深入地了解学生的实际情况和学习需求，包括他们的英语基础、学习风格、兴趣爱好以及学习目标的差异等，这是制订科学、合理教学计划的前提。

在制订教学计划时，教师需要综合考虑课程大纲的要求、教学资源的可用性、时间的分配以及学生的接受能力等因素，确保教学内容既符合课程标准，又贴近学生的实际需求。同时，教师需设定明确、具体、可衡量的教学目标，这些目标应当既有长远的规划，也有短期的实现步骤，以便在教学过程中进行有针对性的指导和评估。

选择合适的教学方法和手段同样是教学设计中的重要环节。教师需要根据教学内容的特点、学生的学习偏好以及教学环境的限制，灵活运用讲授法、讨论法、案例分析法、项目式学习等多种教学方法，结合多媒体教学资源、在线学习平台等现代技术手段，创造出丰富多样、生动有趣的教学情境，以激发学生的学习兴趣，提高他们的参与度和主动性。

在实施教学活动的过程中，教师还需具备高度的灵活性和应变能力，能够根据学生的反馈和教学效果的监测结果，及时调整教学计划和方法，确保教学活动能够高效、有序地进行。同时，教师应注重培养学生的自主学习能力、批判性思维和跨文化交际能力，帮助他们掌握有效的学习策略，从而为终身学习打下坚实的基础。

（三）教学监控能力

在教学过程中，英语教师不仅需要精心准备教学内容和设计教学活动，还需要时刻保持对学生学习状态和学习效果的密切关注，以确保教学活动能够紧密围绕预定的教学目标顺利进行。

为了实现这一目标，教师需要掌握一套有效的监控和评估机制。通过观察学生在课堂上的表现，如参与度、注意力集中程度、回答问题的准确性和流畅性等，教师可以初步判断学生的学习状态。同时，教师可以利用课堂小测验、随堂练习、小组讨论等多样化的教学活动，及时收集学生的学习反馈，了解他们对知识点的掌握情况和学习难点。

在获取这些信息后，教师需要具备高度的敏感性和分析能力，能够迅速识别出学生在学习过程中存在的问题，如概念理解不清、技能掌握不熟练、学习动力不足等，并据此调整教学策略和方法。例如，对于理解困难的学生，教师可以采用更直观、生动的教学方式，如通过实例讲解、图表展示或多媒体辅助等手段，帮助他们更好地掌握知识；对于技能掌握不熟练的学生，教师可以设计更多的练习机会，提供个性化的指导和反馈，帮助他们通过实践巩固所学；对于学习动力不足的学生，教师可以通过设置挑战性的任务、激发好奇心和兴趣点等方式，激发他们的学习热情。

此外，教师还需定期对学生的学习效果进行正式的评估，如通过单元测试、期中考试、期末总结等形式，全面、客观地了解学生的学习进展和成就。这些评估结果不仅可以作为教师调整教学策略的依据，还可以为学生提供有价值的反馈，帮助他们明确自己的强项和待改进之处，从而制订更加合理的学习计划。

二、发展性能力

（一）合作研究能力

英语教师不仅需要具备扎实的专业知识和教学技能，还需拥有与他人合作进行教育研究的能力。这种合作能力对于推动教学创新、提升教学质量具有重要意义。

在教育研究的过程中，英语教师需要与同行、学者、教育专家以及学生家长等多方进行深入交流与合作。通过与同事协作，教师们可以共同探讨教学中遇到的问题和挑战，分享成功的教学经验和案例，相互学习，取长补短。这种团队协作不仅能够促进教师个人专业成长，还能够提升整个教学团队的整体水平。

同时，英语教师应积极与学术界保持联系，关注最新的教育研究成果和教学理念，并将这些前沿知识融入自己的教学实践中。通过与教育专家合作，教师可以参与课题研究、论文撰写等活动，不断提升自己的科研能力和学术素养。这些研究成果不仅可以为教学实践提供理论支持，还能够为教育政策的制定提供参考。

此外，与学生家长定期沟通合作也是英语教师不可或缺的能力之一。通过定期与家长交流学生的学习情况、成长需求以及教育期望，教师可以更加全面地了解学生的家庭背景和成长环境，从而制订更加符合学生特点的教学计划和方法。同时，家长可以为教师提供宝贵的反馈和建议，帮助教师不断改进教学方法，提升教学效果。

在合作进行教育研究的过程中，英语教师需要展现出良好的团队协作精神、沟通能力和创新思维。他们应善于倾听他人的意见和建议，勇于尝试新的教学理念和方法，不断探索适合学生发展的教学模式。同时，教师应注重团队合作的效率和成果，确保教育研究活动能够有序、高效地进行，并最终推动教学质量的持续提升。

（二）课程开发能力

随着教育改革的不断深化，英语教师所承担的角色和职责也在不断丰富和拓展。其中，课程开发能力已成为英语教师不可或缺的一项关键技能。这一能力不仅要求英语教师具备深厚的英语专业知识和教学理论素养，还需要他们能够根据学校的实际情况和学生的具体需求，独立或合作开发出具有鲜明特色和实用价值的英语课程。

在课程开发的过程中，英语教师首先需要深入了解和分析学校的办学理念、教学资源、师资力量以及学生的英语基础、学习兴趣和未来发展需求等因素。这些因素将直接影响到课程的设计方向、内容选择和教学方法。通过全面、细致的调研和分析，教师可以确保所开发的课程既符合学校的整体教育目标，又能满足学生的个性化学习需求。

在确定课程的基本框架后，英语教师需要创造性地设计课程内容，这包括选择适合学生水平的教材、设计有趣且富有挑战性的教学活动、制定明确的学习目标和评估标准等。在课程内容的设计上，教师应注重培养学生的语言综合运用能力，这包括听、说、读、写等方面的技能，同时应融入跨文化交际、学习策略、批判性思维等现代教学理念，以提升学生的综合素养。

此外，英语教师还需关注课程的实施效果，通过定期的教学反思、学生反馈和教学效果评估，不断优化和完善课程内容。这种持续改进的精神是课程开发过程中不可或缺的一部分，它有助于教师及时发现并纠正教学中的问题，确保课程能够始终贴近学生的实际需求，保持活力和吸引力。

在课程开发的过程中，英语教师还应注重与同事、学校管理层以及学生家长的沟通与协作。通过分享课程资源、交流教学经验、听取各方意见，教师可以获得更多的支持和帮助，从而共同推动学校英语教育的改革和发展。

（三）教学创新能力

创新能力是英语教师适应时代发展、提升教学质量不可或缺的重要能力。英语教师亟须锐意进取，勇于实践新型教学法与工具，革新教育方式，进而激发学生内在学习动机，催化自主探求欲望，培植创意思维。此举旨在创建生动课堂，点燃求知火焰，驱动学生成为主动参与者，而非被动接收器。

在创新教学方法上，英语教师可以尝试引入项目式学习、翻转课堂、合作学习等现代教学模式。这些模式强调以学生为中心，鼓励学生通过实践、探究与合作的方式学习英语，从而培养他们的批判性思维、团队协作和解决问题的能力。例如，教师可以设计一些与现实生活紧密相关的项目任务，让学生在完成任务的过程中学习和运用英语，这不仅可以提高他们的语言综合运用能力，还能增强他们的学习兴趣和动力。

在创新教学手段上，英语教师可以利用现代科技手段，如多媒体教学、在线学习平台、虚拟现实技术等，来丰富教学内容和形式。这些手段能够为学生提供更加生动、直观的学习体验，帮助他们更好地理解和掌握英语知识。同时，教师可以利用这些手段进行远程教学和个性化指导，以满足不同学生的学习需求。

除了教学方法和手段的创新，英语教师还应注重教学模式的创新。教师需要转变教学理念，注重培养学生的语言交际能力、文化意识和自主学习能力。通过设计多样化的教学活动和评估方式，教师可以激发学生的学习兴趣和积极性，促进他们的全面发展。

在创新的过程中，英语教师需要具备敏锐的观察力和洞察力，及时发现并抓住教育领域的新趋势和新机遇。同时，他们需要具备勇于尝试和不断学习的精神，敢于打破传统束缚，勇于探索未知领域。通过不断的学习和实践，教师可以提升自己的创新能力和专业素养，为英语教育的改革和发展贡献自己的力量。

（四）知识管理能力

英语教师作为语言教育的引导者，其专业素养的提升离不开良好的知识管理能力。这一能力不仅关乎教师个人专业成长的持续性，更直接影响到教学质量和学生学习的成效。知识管理能力要求英语教师能够系统地整理、归纳和更新自己的学科知识，确保教学内容的准确性和时效性，同时，教师可以通过这一过程不断提升自身的专业素养。

1. 整理学科知识

在整理学科知识方面，英语教师需要构建一个清晰、有序的知识体系。这包括对英语语法、词汇、语音、语用等基础知识的深入理解和掌握，以及对英语国家文化、历史、社会等方面的广泛了解。通过梳理这些知识点，教师可以形成一张知识网络，从而能够在教学过程中迅速、准确地调用相关信息，为学生提供全面、深入的讲解。

2. 归纳学科知识

归纳学科知识是英语教师提升专业素养的关键步骤。归纳不仅是对知识的简单总结，更是对知识间内在联系和规律的探索。英语教师需要通过对学科知识的深入分析和比较，发现知识间的逻辑关系和结构特点，从而总结出具有普遍指导意义的教学规律和策略。这些规律和策略可以帮助教师更加高效地组织教学内容，设计教学活动，提高教学效果。

3. 更新学科知识

在更新学科知识方面，英语教师需要保持对学科前沿动态的敏锐洞察。随着全球化进程的加速和科技的不断进步，英语学科的知识体系也在不断更新和扩展。教师需要定期阅读最新的学术论文、参加学术研讨会、关注教育政策变化等，以获取最新的学科信息和研究成果。同时，教师需要将这些新知识融入自己的教学中，不断更新和完善教学内容，确保学生能够接触到最前沿的学科知识。

此外，良好的知识管理能力还要求英语教师具备批判性思维和创新能力。在整理、归纳和更新学科知识的过程中，教师需要不断反思自己的教学实践，发现其中的不足和问题，并勇于尝试新的教学方法和手段。通过不断的实践和创新，教师可以不断提升自己的专业素养，从而为学生提供更加优质的教学服务。

（五）发展规划能力

英语教师的职业发展不仅关乎个人的成长与成就，还影响着教育质量和学生的未来发展前景。因此，英语教师需要具备长远的发展规划能力，能够根据自己的职业目标和发展方向，制订合理的发展计划，不断提升自己的职业竞争力。

1. 明确职业目标

明确职业目标是英语教师制订发展规划的前提。每位英语教师都应有清晰的自我认知，明确自己在教育领域的定位和发展方向。这包括对自己的教学风格、专业领域、教学对象等方面的深入了解，以及对教育行业发展趋势的敏锐洞察。

只有明确了职业目标，教师才能有针对性地制订发展规划，确保每一步都朝着目标前进。

2. 制订发展计划

制订合理的发展计划是英语教师实现职业发展的关键。发展计划应涵盖教学技能提升、学术研究深化、教育理念更新等多个方面。在教学技能方面，教师可以通过参加教学培训、观摩优秀教师的教学实践、参与教学竞赛等方式，不断提升自己的教学水平。在学术研究方面，教师可以积极阅读最新的学术论文、参与课题研究、撰写学术论文，以深化自己的专业理论素养。在教育理念方面，教师应保持对教育领域的持续关注，了解最新的教育理念和教学方法，以更新自己的教育观念。在制订发展计划时，英语教师还应注重计划的可行性和灵活性。可行性要求计划符合自己的实际情况和能力水平，避免过高或过低的期望。灵活性则意味着计划应根据实际情况进行适时调整，以适应教育行业的发展变化和个人职业发展的需求。

此外，英语教师还应具备持续学习和自我反思的能力。随着教育领域的不断发展和变革，教师需要不断更新自己的知识和技能，以适应新的教学需求。同时，教师应定期对自己的教学实践进行反思和总结，发现其中的不足和问题，并寻求改进的方法。这种持续学习和自我反思的能力是教师不断提升职业竞争力的关键。

第四节　教师职业性向

霍兰德的职业理论巧妙融合了个人性格特征与工作环境要素，揭示了个性与职业场景间的匹配原理，指出人格与工作环境的和谐统一是确保职业满意、稳定及达成相应成就的关键。据其理论，个体的性格倾向与其所处职业生态的契合度，直接关系到个体职业的满足感。人们往往偏好寻找与自身兴趣一致的职业场域，但鉴于兴趣多样性与职业抉择复杂性，完全对应的理想状态难以企及。故在现实择业中，个体需灵活调整，甚至折中考虑接近或互补的领域，以寻求最佳契合点。霍兰德的见解立足于个体与社会的双向交互，兼顾内在特质与外界条件，构筑了一个全方位的职业指导模型。它不仅为个人规划职业路径提供了新的视角，还为个体评估职业倾向搭建了实用框架，鼓励人们在平衡内心诉求与外在机遇的基础上，做出理性且符合长远利益的选择。在面临多元化的职业选择时，霍兰德的理论倡导动态适应理念，主张个体应勇于探索，逐步调适于选定的职业环境，而非故步自封。这一思想不仅促进了人才资源的合理配置，也促进了个体潜能的最大化释放，使每个人都能在适合的舞台上发光发热。

个体的职业选择受多重因素影响，因人而异。对高校英语教师而言，已有很多国外研究者从社会文化、经济背景、性别、生活阶段等方面分析其职业选择原因，具体涉及稳定工作、低压力等利己因素及分享知识、改变生活等利他因素。从市场经济和人本角度来看，人们倾向选择需求大、收益高的职业。因此，在面对利他性选择时，高校也会考虑利益补偿，若补偿低于期望，个体则可能放弃该职业，转寻其他能够满足期望的岗位选项。

择业者一般喜欢选择能够最大限度实现自我价值或满足自我价值实现条件的职业。国内外研究者把职业的价值分为三类：保健价值、发展价值、声望价值。保健价值是指某一职业具有促进或维持从业者身心健康的价值，如工资高、福利好、职业稳定、工作环境舒适、生活方便。发展价值是指某一职业具有有利于从业者的职业发展和生活发展的价值，如兴趣爱好、公平竞争、发挥自身特长、自主性、培训机会、晋升机会、专业对口、出国机会等。声望价值是指某一职业所具有的社会地位或社会影响力给从业者带来的价值体验或价值实现程度等。

一、性格特点

（一）热情开朗

高校英语教师通常都展现出一种热情开朗的性格特质，他们善于运用积极、正面的语言与学生沟通交流，无论是课堂上的互动还是课后的辅导，都能以一种充满活力和魅力的方式呈现。这种热情不仅体现在他们生动的讲解和有趣的例子中，更在于他们愿意倾听学生的声音，理解他们的需求，并给予积极的反馈和鼓励。这样的性格特点，使得学生们在英语学习的过程中，不仅能够感受到知识的魅力，更能被教师的热情所感染，从而激发出内在的学习潜能和积极性。当学生看到教师以如此饱满的热情投入教学中时，他们也会受到鼓舞，从而更加主动地参与到课堂活动中，形成良性互动，共同营造出一个充满活力和正能量的学习环境。

（二）耐心细致

英语教学是一份需要极大耐心的工作。高校英语教师深知，每一个学生都是独一无二的个体，他们在学习英语的过程中会遇到各种不同的困难和挑战。因此，他们愿意花费大量的时间和精力，耐心解答学生的每一个疑问，无论是单词的发音、语法的运用，还是句型的构建，他们都力求做到准确无误。在纠正学生的发音和语法错误时，他们更是细致入微，不仅会指出错误所在，还会提供正确的示范和练习方法，帮助学生逐步掌握正确的语言技能。这种耐心细致的工作态度，为学生的英语学习铺平了道路，使他们能够一步步迈向更高的水平。

（三）责任心强

高校英语教师对自己的教学工作负有高度的责任心。他们深知，教育是一项神圣的事业，关乎学生的未来和国家的希望。因此，他们始终以严谨的态度对待每一堂课，精心准备教学内容，力求将最准确、最实用的知识传授给学生。他们关注每一位学生的学习进度和效果，及时给予指导和帮助，确保每位学生都能在英语学习上取得进步。当学生在学习中遇到困难时，他们会主动站出来，成为学生的坚强后盾，为学生提供必要的支持和鼓励。这种强烈的责任心，使得高校英语教师成为学生知识海洋中的灯塔，为他们指引方向，照亮前行的道路。在教师的引领下，学生们能够更加自信地面对英语学习的挑战，勇敢地追求自己的梦想。

二、职业兴趣

（一）热爱教育事业

高校英语教师不仅要具备扎实的专业知识和教学技能，更要怀揣着一颗热爱教育事业的心。他们需要将这份热爱转化为实际行动，需要为教育事业奉献自己的时间和精力，需要关注学生的成长和发展，并成为他们学习路上的引路人和陪伴者。

热爱教育事业是高校英语教师从事这一职业的原动力。他们深知，教育不仅是传授知识，更是塑造灵魂、培养未来社会栋梁的伟大事业。因此，他们对待教学工作总是充满热情，愿意投入大量的时间和精力去研究教学方法、优化课程设计，力求让每一位学生都能在英语学习中找到乐趣，收获成长。这种热爱，不仅体现在课堂上的精彩讲解和互动中，更渗透在课后的辅导、作业的批改以及与学生的每一次交流中。他们愿意倾听学生的声音，愿意去理解他们的困惑和需求，愿意为他们提供个性化的指导和帮助。

愿意为教育事业奉献自己的时间和精力，是高校英语教师职业精神的体现。他们深知，教育是一项长期而艰巨的任务，需要持之以恒地努力和付出。因此，他们愿意牺牲个人的休息时间，加班加点地备课、批改作业，甚至牺牲与家人团聚的时光，只为给学生提供更好的教育资源和更优质的教学服务。他们愿意在学生需要的时候伸出援手，无论是学习上的难题还是生活中的困扰，他们都尽力给予帮助和支持。这种无私的奉献，不仅赢得了学生的尊敬和爱戴，更在无形中传递着教育的温暖和力量。

关注学生的成长和发展，是高校英语教师教育情怀的体现。他们深知，每一个学生都是独一无二的个体，有着自己的特点和潜力。他们不仅关注学生的学业成绩，更关注学生的身心健康、个性发展和综合素质的提升。他们愿意与学生建立深厚的情感联系，成为学生的朋友和倾诉对象，了解学生的内心世界和成长需求。他们愿意为学生的未来发展提供指导和建议，帮助学生规划人生道路，实现自我价值。这种关注，不仅让学生感受到教师的关爱和温暖，更激发了他们积极向上的学习动力和成长热情。

（二）对英语语言和文化有浓厚兴趣

高校英语教师作为英语教育的传播者和实践者，他们不仅承担着传授语言知识的重任，更肩负着传递英语国家文化、增进国际理解和交流的使命。因此，他们对英语语言和文化怀有浓厚的兴趣，这种兴趣驱使他们不断深入了解和掌握英语语言的特点和文化背景，以便更好地开展英语教学，培养具有国际视野和跨文化交际能力的学生。

对英语语言特点的深入理解，是高校英语教师专业素养的重要组成部分。他们不仅要掌握英语的语音、语法、词汇等基础知识，更要理解英语语言的本质特征和独特魅力。例如，英语作为一门形态丰富的语言，其时态、语态、语气等变化多样，表达细腻且富有层次。高校英语教师需要通过对这些语言特点的深入研究，引导学生理解并掌握英语的语法规则和表达习惯，从而提高学生的语言运用能力和语感。

对英语国家文化背景的掌握，则是高校英语教师跨文化教学能力的体现。他们不仅要了解英语国家的历史、地理、政治、经济等基本情况，更要深入了解这些国家的文化价值观、社会习俗、宗教信仰等深层次的文化内涵。这种文化背景知识的掌握，有助于高校英语教师在教学中融入文化元素，通过对比分析中英文化的异同，帮助学生拓宽国际视野，增强跨文化意识，并提高跨文化交际能力。

为了更好地开展英语教学，高校英语教师还需要不断探索和实践有效的教学方法。他们需要将英语语言和文化知识融入生动的课堂活动中，从而激发学生的学习兴趣和参与度。同时，他们需要关注学生的学习差异和个性需求，采用个性化教学策略，为学生提供有针对性的指导和帮助。

此外，高校英语教师还需要不断更新自己的知识和技能，紧跟英语教育的发展趋势和国际潮流。他们可以通过参加学术会议、研修班、海外交流等方式，拓宽自己的学术视野和国际视野，不断提升自己的专业素养和教学能力。

第三章　高校英语教师职业发展的理论依据

　　高校英语教师教育工作开展的不同阶段往往呈现出不同的特征。随后，学者对这方面的研究逐步深入，并最终形成了一个全新的研究领域。本章为高校英语教师职业发展的理论依据，分别从心理发展理论、职业周期理论、自我更新理论、教师社会化理论、综合研究理论五个方面展开介绍。

第一节　心理发展理论

从心理发展理论的视角来看，高校英语教师作为成年的学习者，其认知与学习过程深受认知与发展理论的影响。这些理论均强调心理结构的变化与发展是研究的核心，指出随着年龄的增长，人的心理结构会按照一定的层次和顺序发生演变。

众多研究表明，高校英语教师的心理发展状态与其专业素养及能力拓展紧密相连。高校英语教师心理发展的差异会直接导致他们在专业素养和能力展现上的不同。可以推断，若能通过教育和培训有效提升高校英语教师的心理素质，那么这对于促进他们专业能力的提升也将产生积极的影响。

一、皮亚杰提出的观点

皮亚杰的发展阶段理论揭示了一个核心观念：心理发展是一个内在结构不断组织和再组织的连续过程。然而，在这一过程中，由于环境、教育、文化以及个体动机等多重因素的交互影响，心理发展展现出明显的阶段性特征。每个阶段都拥有其独特的结构，并与特定的年龄阶段相对应。尽管这些阶段可能因各种因素而提前或推迟出现，但它们之间的先后次序始终保持不变。这些阶段从低到高依次展开，有时存在一定的交叉，但每个阶段都是下一个阶段形成的必要条件。前一阶段不仅为后一阶段奠定了基础，而且两者之间存在质的差异。这种观点将心理发展视为一个一维线性的过程，为高校英语教师理解学生心理发展提供了重要的理论依据。

二、金斯伯格提出的观点

金斯伯格主张，职业选择并非一蹴而就，而是在个人生活中呈现为一个持续且长期的发展过程。实际上，职业选择的种子在童年时期就已悄然埋下，并随着年龄增长、经验累积和教育程度的提升而逐渐展现出独特的形态。

金斯伯格进一步指出，个体的职业发展与其身心成长紧密相连，同样可以划分为三个鲜明的阶段。每个阶段都有着不同的特点与任务，若能顺利达成，则能顺利进入下一阶段并实现相应的职业目标。然而，若前一阶段未能妥善完成任务，便可能对后续阶段的职业发展造成阻碍，最终在职业选择时面临困境。这一理论为高校英语教师提供了宝贵的视角，有助于他们深入理解学生的职业心理发展，并为其提供更具针对性的指导与支持。

三、莱文森提出的观点

莱文森（Levinson）的研究重点是成年人。他在20世纪70年代对很多成年人都进行了访谈，探讨了成年人生涯发展与年龄之间的关系，并将成年人的发展归纳为以下阶段：

成年转折期（17～22岁）：为进入成年早期的转折期，开始由依赖走向独立，需协调个体与家庭之间的关系。

进入成年人世界（22～28岁）：个人在此时已逐渐成长为一个完全独立的个体，进入社会工作谋生，学习社会技巧，创造新的生活模式。

适应期（28～33岁）：重新反思自己的生命结构，并考虑是否需要调整或改变。

稳定期（33～40岁）：个人已形成某种固定的与统整的工作形态和生命结构。

中年转折期（40～45岁）：这一时期是个人生涯发展的一个危机时期，个体在检视自己的生活过程中，可能因为认识到理想与现实的不符与冲突，容易出现焦虑、不安、恐慌的情绪，若能顺利解决或统合这一时期的所有问题，将更能造就完美的人生。

进入中年期（45~50岁）：由于中年期转折的危机解除，因此个人会表现得成熟睿智、深思熟虑且会呈现继续成长与进步的现象；反之，有些人则会呈现退缩与发展迟滞的现象。

50岁转折期（50~55岁）：由于生理的老化、工作压力与心理的倦怠，面临角色转变、地位丧失的危机。

高峰期（55~60岁）：这一时期是个人成就的巅峰时期，其一生的事业至此达到最高点，此后便逐渐衰退，直到退休而撤离工作岗位

晚年转折期（60~65岁）：这一时期是进入晚年期（老化期）的转折期，面临退休及角色转变的问题，同时逐渐规划建立自己的退休生活。

晚年期（65岁以后）：对这一时期，莱文森的研究样本中缺乏实证数据，所以这一时期的特征未知。

从高校英语教师的视角来看，莱文森的研究虽然主要以35~40岁的成年男性为样本，存在一定的代表性限制，但他所提出的观点仍具有启发性。莱文森强调，每个人生阶段都会遭遇转折期，这一时期的核心任务是对既有生活进行重新审视与评价，从而做出关键的生涯抉择，并据此塑造全新的生活模式。此外，他指出，每个阶段的发展都是多元因素共同作用的结果，这些因素涵盖了生理变化、社会关系调整以及职业地位变迁等多个层面。这一理论框架不仅丰富了人们对个体生涯发展的理解，也为后续的研究者提供了坚实的基础和新的思路。

综上所述，从高校英语教师的角度来看，心理发展理论主要从心理学的视角深入探讨了高校英语教师专业素质发展与能力拓展之间的理论联系，揭示了这两者之间存在的紧密关系。这种理论研究方法超越了生理年龄的局限，转而聚焦于心理阶段，从而细致地分析了心理发展与高校英语教师专业素质及能力提升之间的复杂关联。通过使用这种方法得出的理论成果将有助于不同年龄层的高校英语

教师达到相似的业务发展水平,当然,这一目标的达成是建立在这些高校英语教师具备相近的心理发展基础之上的。

第二节 职业周期理论

职业周期理论基于人类生命周期视角,审视高校英语教师职业生涯的演进轨迹及其阶段性特征。该理论虽未直套用生物老化法则阐释教育生涯,但却借鉴其分期原则,因而可以在生理变迁背景之下,勾勒教师成长全景图。按照该理论,我们应透过年龄增长与经历积淀的双重维度,剖析教师专业进阶各阶段的独特挑战与机遇,揭示其成长奥秘。

一、相关学者提出的观点

20世纪60年代,对教师职业发展的研究还寥寥无几,20世纪70年代之后,这类研究在美国、英国、法国、荷兰、澳大利亚、加拿大等国家迅速增加。富勒(Fuller)、休伯曼(Huberman)等提出的教师职业周期阶段论以人的生命的自然衰老过程与周期来看待教师的职业发展过程与周期,其阶段的划分以生命变化周期为标准。

(一)富勒的观点

教师在富勒的研究中展现出了独特的职业发展轨迹。富勒综合考察了教师的职业周期发展与其所在环境及个人环境等诸多因素的关系,揭示出教师职业周期并非孤立的行为过程,而是受多元因素共同影响的结果。其中,教师所处的外部环境与内部个人环境被视为关键因素。

富勒强调,教师的职业周期是一个充满灵活性和动态性的发展过程,远非线性或静止的模式所能描述。对于高校英语教师来说，这一复杂过程可细分为以下几个主要阶段：

1. 职前阶段

职前阶段是高校英语教师角色的准备期，通常涵盖在师范学院或大学的初始培养，也包括新角色或刚开始工作的再培训。

2. 入职初期

这一阶段的高校英语教师需要从更广阔的社会视角来认识教育系统，并逐步熟悉和掌握日常的教学与教务工作。作为新手，他们通常会竭尽全力处理各种问题，以期获得同事、学生和学校的认可。

3. 能力形成期

高校英语教师在此阶段致力于提升教学技能和综合能力，积极寻求新的教学资料、方法和策略，并渴望形成自己独特的教学风格。在这一阶段，他们乐于接受新观念，并频繁参与各种交流会和教师培训活动。

4. 成长期

处于成长状态中的高校英语教师，尽管他们的教学能力已经相当强，但作为专业人员，他们仍不断追求进步。这一时期的高校英语教师热爱自己的职业，致力于创新教学模式，总结教学经验，并不断改进自己的不足。

5. 挫折期

高校英语教师可能会遭遇职业挫折，导致职业满意度下降。这种挫折往往发生在职业发展的中期。

6. 稳定和停滞阶段

此时的高校英语教师可能满足于现状，不再追求卓越和成长，而是仅仅完成基本的工作任务。

7. 泄劲期

此时的高校英语教师可能对自己的工作失去了往日的热情，进入泄劲时期。他们可能会以轻松或愉悦的心态面对即将离开的教学岗位，回忆过去的教学成就，然而，也有些高校英语教师可能因被迫离职或急切想要离开而心情苦涩。

8. 退休阶段

这是高校英语教师退出教学岗位后的时期，可能是因年龄原因正式退休，也可能是自愿退休或寻求其他更满意的职业。

尽管富勒的模式在描绘高校英语教师职业周期的动态性和灵活性方面有独到之处，但也存在一些不足。例如，该模式在展现具体发展路径时呈现出了循环性的特点，这可能是由于忽视了其他发展形式、方式和路径的可能性。此外，该模式过于关注职业发展中的转折点，而对处于稳定阶段的高校英语教师在完善自身专业结构方面的经历则缺乏深入探讨。同时，与其他高校英语教师阶段发展研究体系类似，该模式在考察影响教师职业发展的因素时，更多地关注了偶然和突发因素，对那些相对稳定且具有持久作用的因素则涉及较少。

（二）休伯曼的观点

在 20 世纪 70 年代，教师开始受到休伯曼等学者对人生不同阶段研究的启发，随后，这些学者将研究焦点转向教师职业发展，并取得了重要成果。他们不仅限于心理学方法，更融合了社会心理学等多领域的研究手段。其显著特点是深入探索了教师职业周期中各个时期的主题，并根据教师在不同阶段、面对不同主题时的表现，辨识出多种有效的职业发展路径。相较于以往的研究，这种方法真实、全面地反映了高校英语教师的职业发展轨迹。

根据休伯曼等学者的理论，高校英语教师的职业发展周期可分为以下几个阶段：

1. 入职期

通常持续 1~3 年，这一时期也被称为"求生和发现期"。面对复杂的课堂环境和教学挑战，刚入职的高校英语教师可能会对自己的教学能力产生怀疑，但同时，拥有自己的班级、学生和教学方案也激发了他们的热情和积极性。

2. 稳定期

在工作后的 4~6 年。此时，高校英语教师已决心致力于教学工作，他们逐渐掌握了教学方法，教学风格也日益成熟，展现出了自信、愉悦和幽默的一面。

3. 发展期

涵盖高校英语教师职业发展的第 7 年至第 25 年，这是一个充满变革的时期。随着知识和经验的积累，高校英语教师开始尝试不同的教学方法和评价手段，个性化教学实验层出不穷。他们改革愿望强烈，勇于克服阻碍，同时，对学生的责任感也驱使他们不断寻求新的教学理念。

4. 危机期

一些高校英语教师可能会经历自我怀疑和重新评估，甚至面临职业发展的危机。

5. 平静和关系疏远期

这在工作后的第 26 年至第 33 年。此时，许多高校英语教师在经历波折后逐渐趋于平静，能够自信地完成教学任务。但随着职业目标的实现，他们的志向水平可能下降，专业投入也会减少，同时，与学生的关系可能变得更为疏远。

6. 抱怨期

高校英语教师可能表现出抱怨和保守的态度。他们可能对教育改革持怀疑态度，对学生的纪律和学习动机感到不满，甚至对年轻高校英语教师的工作态度和社会对教育的支持表示抱怨。

7. 退休期

尽管面临退休，但一些高校英语教师在社会压力下仍会坚持专业行为，只是他们可能更加专注于自己喜爱的工作内容。

二、职业周期理论对高校英语教师的启示

高校英语教师在各种教师职业发展阶段理论中呈现出共性与个性并存的特点。这些理论虽然视角各异，但都全面审视了教师的专业成长轨迹，并将职前教育与在职发展视为一个连贯、持续的过程。更重要的是，这些理论揭示了高校英语教师在不同职业发展阶段所展现出的多样化专业水平、需求、心态及信念。从高校英语教师的角度来看，高校英语教师职业发展阶段研究带来的启示主要体现在以下几个方面：

（一）自主性

自主性是高校英语教师专业素质与能力发展的基石，是推动个人职业成长的不竭动力。这种特性不仅体现在他们对教学工作的积极投入和深度思考上，更体现在他们如何巧妙地利用外部影响因素，并将其转化为对自身成长的有利条件上。自主性要求高校英语教师在教学实践中充分发挥主观能动性，勇于尝试新的教学理念和方法，不断探索适合学生特点的教学模式，从而不断提升教学质量和效果。

具备强烈的自我职业发展意识，是高校英语教师自主性发展的重要体现。他们深知，只有不断追求进步，才能在激烈的竞争中立于不败之地。因此，他们时刻保持对新知识、新技能的渴望，积极探寻自我提升的途径与机遇。这种意识不仅增强了他们的责任感，也激励他们不断挑战自我，突破自我，从而在职业生涯中取得显著的发展成果。

然而，自主性并不意味着无拘无束、随心所欲。高校英语教师在追求职业发

展的自主性时，必然受到各种具体制度的规范与约束。这些制度包括教学规范、学术道德、职业发展规划等，它们为高校英语教师的职业发展提供了明确的指引和保障。在这些制度下，高校英语教师需要学会自我控制、自我引导与自我成长，确保自己的发展是有序且适度的。

自我控制，意味着高校英语教师在面对各种诱惑和挑战时，必须保持清醒的头脑，坚守教育初心，不被短期利益所迷惑，即他们需要懂得如何在繁忙的教学和科研工作中找到平衡点，合理安排时间，保持身心健康。

自我引导，则要求高校英语教师在职业生涯中始终保持学习的热情，不断汲取新的知识和理念，即他们需要善于从同行、学生乃至国际教育中汲取灵感，不断更新自己的教育观念和教学方法，以适应时代发展的需要。

自我成长，指的是高校英语教师在职业发展过程中不断进步和突破，即他们不仅关注自己的教学技能和学术水平，更关注自己的教育理念和人文关怀，他们努力成为学生成长道路上的引路人和伙伴，用自己的智慧和热情照亮学生的未来。

（二）多面性

职业发展并非一蹴而就的线性过程，而是一个充满挑战与机遇、不断自我超越的螺旋式上升过程。在这个过程中，每个发展阶段的内涵都是非常丰富的，涵盖了教学技能、学术研究、教育理念、职业素养等多个方面。因此，他们的职业发展路径充满了复杂性和多样性，需要不断地适应和调整。

在专业化成长的不同阶段，高校英语教师所面临的教育起点、问题以及需求都各不相同。初入职场的年轻教师可能更关注如何快速掌握教学技巧、融入教学环境，以及如何与学生建立良好的师生关系；而有一定教学经验的中年教师则可能更关注如何提升教学质量、开展学术研究，以及如何保持教育热情和职业动力；对于资深教师而言，他们可能更关注如何总结教学经验、传承教育理念，以及如何为年轻教师提供指导和支持。

鉴于这种多样性，高校英语教师培养培训的内容和形式也需要相应地进行调整。为了提高高校英语教师素质，必须根据他们在职业发展不同阶段所遇到的问题和需求来制订针对性的策略。例如，对于初入职场的年轻教师，可以通过师徒结对、教学观摩、教学技能培训等方式，帮助他们快速适应教学环境，提升教学能力；对于有一定教学经验的中年教师，可以通过学术研讨会、教学研讨会、教学创新项目等方式，激发他们的学术热情，提升他们的教学水平和研究能力；对于资深教师，则可以通过教学论坛、教学讲座、教学咨询等方式，发挥他们的引领作用，传承他们的教学经验。

鉴于此，高校应当转变观念，强调高校英语教师教育一体化的培养模式。这种一体化的培养模式将师范生的职业发展与在职高校英语教师的持续发展紧密结合在一起，形成了一个完整、连贯的教育体系。它不仅关注对师范生的专业技能培养，还注重对他们的教育理念、职业素养等方面的培养；同时，它为在职高校英语教师提供了持续的学习和发展机会，帮助他们不断更新教育理念、提升教学水平。

（三）阶段性

高校英语教师的职业发展是一个复杂而漫长的过程，它呈现出显著的阶段性特点，从初入教育行业的师范生，到成长为杰出的教育者乃至教育专家，高校英语教师需经历多个发展阶段。一些学者将这一过程划分为以下三个紧密相连的时期，它们共同构成了高校英语教师职业发展的完整画卷：

1. 职前专业化准备阶段

职前专业化准备阶段，即师范生阶段。这是高校英语教师职业生涯的起点，也是他们为进入教育行业打下坚实基础的关键时期。在这个阶段，师范生通过系统的学习和实践，掌握英语语言学、教育学、心理学等基础知识，了解高校英语教育的特点和要求。同时，他们通过教育实习、教学观摩等活动，初步接触并体验实际教学场景，为未来的教学工作做好准备。

2. 入门专业化阶段

入门专业化阶段，即从师范生转变为入门高校英语教师的初期阶段。在这一阶段，新入职的高校英语教师开始在实际教学中探索和成长。他们面临着从学生到教师的角色转变，需要快速适应教学环境，掌握教学技巧，与学生建立良好的师生关系。同时，他们还需要不断反思自己的教学实践，调整教学策略，从而更好地满足学生的学习需求。这一阶段的教师往往面临着较大的挑战和压力，但这也是他们快速成长和积累经验的宝贵时期。

3. 在职专业化深入阶段

在职专业化深入阶段，即从合格高校英语教师成长为优秀高校英语教师的成熟阶段。在这一阶段，高校英语教师已经具备一定的教学经验和专业素养，开始更加注重教学技能和教育理念的精进。他们不仅关注学生的学习成绩，更关注学生的全面发展，致力于培养学生的创新思维和实践能力。同时，他们积极参与学术研究、教学研讨等活动，不断提升自己的学术水平和教学能力。这一阶段的教师已经成为高校英语教育领域的佼佼者，他们的教学经验和教育理念对同行和学生都产生了深远的影响。

这三个阶段是一个连贯且持续的发展过程，它们相互依存、相互促进。只有确保高校英语教师在前一阶段的基础上平稳进入下一阶段，他们才能实现逐步的提升与全面的发展。因此，高校应该为英语教师提供持续的职业发展支持，包括定期的在职培训、教学研讨、学术交流等活动，帮助他们不断提升专业素养和教学能力，实现个人价值和社会价值的双重提升。同时，教师个人应该保持学习的热情和动力，不断反思自己的教学实践，探索新的教学方法和理念，为高校英语教育的持续发展贡献自己的力量。

（四）终身性

高校英语教师的职业发展空间是广阔的。在这里，成熟只是一个相对的概念，而发展则是永恒不变的真理。高校英语教师将会经历一个从初出茅庐到相对成熟，再到不断精进的专业成长过程，这个过程是贯穿人的一生的，它伴随着教师的个人成长与职业发展，也推动着高校英语教育的不断进步。

高校英语教师的职业发展，实质上是一个终身的个体专业化与社会化相融合的过程。在这个过程中，教师需要不断学习新知识、新技能，更新教育理念，以适应教育领域的快速变化。这种学习不仅发生在职前的师范教育阶段，更贯穿于教师的整个职业生涯。职前的师范教育，只是为他们未来漫长的职业发展奠定一个坚实的基础，而真正的挑战和机遇，则隐藏在日复一日的教学实践中，隐藏在与学生、同事、社会的互动中。

对于高校英语教师而言，教育并不仅局限于职前的师范教育阶段。它是一个持续不断的过程，需要教师不断地反思、学习、实践、再反思。这种学习不仅限于专业知识和教学技能的提升，更包括教育理念的更新、教育方法的创新、教育技术的应用等多个方面。教师需要时刻关注教育改革的最新动态，将最新的教育理念和技术融入自己的教学实践中，以更好地促进学生的学习和成长。

同时，高校英语教师还需要不断地提升自己的专业素养和教学能力。这包括深入研究学科知识，掌握先进的教学方法和技巧，了解学生的学习特点和需求，以及积极参与学术研究、教学研讨等活动。通过这些努力，教师可以不断提升自己的教学水平，提高教学效果，也能够为自己的职业发展创造更多的机会和可能。

（五）特殊性

高校英语教师职业发展的特殊性主要在于所处环境的独特性。课堂是高校英语教师实践职业理念的主阵地，而学校不仅是高校英语教师提升自我能力的平台，更是学生汲取知识的殿堂。因此，高校英语教师的职业发展必须与学校的环境保持动态的协调与同步。

高校英语教师的职业发展是一个长期且渐进的过程，其中，知识的积累主要通过教学活动来实现。在教学改革的大背景下，高校英语教师通过参与教学过程，逐步提升自己的专业能力，并稳固自己的教学实践岗位。换言之，高校英语教师专业成长的环境与其所在的学校环境紧密相连，高校英语教师素质的提升深受学校环境的影响。

简而言之，学校不仅肩负着培养学生的使命，还肩负着提升高校英语教师专业能力的重任。学校教育在促进学生获取知识的同时，促进了高校英语教师专业素质和能力的全面提升。

第三节 自我更新理论

一、自我更新理论基本特征

自我更新，顾名思义，它主要有两个基本特征：其一，"自我"；其二，"更新"。在探讨高校英语教师的职业生涯发展过程中，"自我"一词凸显了个体主动性与专业成长之间的双面性，象征着教师既是自我教育的主导者，又是专业路径的塑造者。深层次而言，自我更新的精髓在于个体发自内心的内在革新动力。研究实例表明，高校英语教师能以独立身份，经由与周遭环境的互动，实现职业上的蜕变，这是一个开放而渐进的演化过程，涵盖了对外界响应与内省两方面。对外，高校英语教师需积极建立与环境的联结，投身实践，以实现个人价值；对内，高校英语教师需自我省思，重构角色认同，以适应复杂多变的教育改革情境，发掘内在潜力，寻求自我驱动的成长机遇。自我更新的本质，即教师自觉地审视自我，唤醒主体意识，重塑教师形象，于挑战中把握自主发展的机会，追求可持续的进化，从而深耕个人价值。与此同时，教师亦会展现出对理论学习的渴望，他们往往会积极响应课程改革，主动吸纳新知识，深化理论认识，并将其转化为实际行动，推动自我反思与重塑。从根本上讲，教师实现自我更新的关键在于，将外部理论内化为己用，并结合个人实际情况，创造性地重组理论体系，指导实践行动。此过程涉及个体理解和需求的差异化，要求教师通过内化吸收，形成包含未完全消化理论元素和个人经验的混合体。在这一过程中，教师的个人理论在实践中得以建构，与学习实践相辅相成，共同促进成长。总而言之，高校英语教师的自我更新是一段持续的内在理论反思与重建之旅，这不仅能体现向外学习的内涵，也能为个体学习创造条件，形成一个循环上升的有机过程。通过这一进程，教师不仅能够提升专业素养，更能够实现职业发展层面的跃升。

高校英语教师应以内驱力为核心，秉持自我完善的精神，将外部要求转化为成长动力，将更新融入日常生活。依托校内研讨与跨学科研讨，高校教师应共建个人特色理论，经反思启示，实现对其的内在转化。高校教师应以教研组为平台，携手合作、交流创新、共研教法，在听评课模式中反思重塑，相互启迪，实现理论升华。无论何种研究形式，皆需教师独立思考与创新。在此过程中，高校教师群体会向学习型集体转型，而个体亦有机会成为终身学习者。总的来说，教师需紧随学校改革步伐，深度融合各项研究活动，要促使内在理论革新与行为精进相辅相成，唯有如此，他们方能洞悉教学盲点，培养自主探究习性，实现全方位成长。

二、自我更新职业发展新理论

相较于传统的教师职业发展理论，自我更新教师职业发展理论不仅更加凸显了自我职业发展意识在整个发展过程中的重要性，同时在教师职业发展的核心领域，即职业发展阶段的划分标准与研究体系上，展现了巨大的变革。除此之外，该理论在立足点和立场等方面也呈现出新颖的变化。这些变化使得"自我更新"

理论更加贴近高校英语教师职业发展的实际情况，赋予了它普遍性的特质，并为实践提供了强有力的指导。简而言之，这是一种既深入实际又具有广泛适用性的理论，对于推动高校英语教师的职业发展具有深远的意义。

（一）自我更新职业发展的价值

高校英语教师职业发展理论不仅是推动高校英语教师专业成长的重要理论依据，更对他们个人的职业发展具有深远的启发意义。特别是对于那些积极践行"自我更新"取向、具备强烈自我职业发展意识的高校英语教师，他们更倾向于关注自身的职业发展，因而会深入研究高校英语教师职业发展阶段理论，并自觉地运用这些理论来指导自己的专业成长。提出"自我更新"取向的高校英语教师职业发展，旨在提醒高校英语教师重视职业发展的阶段理论，充分发挥阶段理论在职业发展中的作用。

高校英语教师职业发展理论对高校英语教师自身的成长具有以下重要意义：

第一，高校英语教师发展的阶段理论促使高校英语教师对自我的发展进行深入反思，这有助于他们全面、充分地了解和认识自己。对于高校英语教师而言，他们的学习能力和教学观念相互影响。一些高校英语教师可能认为某些内容过于高深，难以理解，而另外一些高校英语教师可能认为只有通过特定的环境和情境才能有效学习。然而，具备强烈自我发展意识的高校英语教师会更加自觉地学习高校英语教师职业发展阶段理论，通过深入了解这些理论来增强自己的职业发展能力和意识。

第二，了解高校英语教师职业发展的一般阶段后，高校英语教师可以据此制订自己的职业发展计划。这些阶段知识为高校英语教师之间进行比较提供了一个参照系，有助于他们更清晰地定位自己的发展水平。对于职前英语师范教育的师范生来说，这些知识甚至可以帮助他们做出更明智的职业选择，增强他们的专业投入感，降低初任高校英语教师的离职率。

第三，通过描述高校英语教师职业发展的各个阶段，高校英语教师可以自发形成一种团队或团体意识，减少心理上的孤独感。例如，新入职的高校英语教师在面对教学设计和课堂管理等方面的困难时，了解到这些困难是普遍存在的，心理上就会感到相对放松。他们还可以通过与同伴交流、学习他人的教学经验等方式来改进自己的教学状况，提升教学技能，从而克服教学过程中遇到的问题。

第四，掌握高校英语教师职业发展阶段知识后，高校英语教师可以意识到并预见到自己的变化。他们可以根据这些阶段知识来确认自己当前的发展位置，并设定未来的发展目标。对于初任高校英语教师来说，了解高校英语教师职业发展的详细信息会使他们对整个职业发展过程和教学工作持更为现实的态度，从而降低出现心理不平衡的概率。

第五，高校英语教师职业发展阶段的概念不仅指导高校英语教师明确在当前发展水平下应该如何行动，而且还为他们将来的进一步发展提供了方向指引。这使高校英语教师能够在职业发展的道路上更加从容和自信地前行。

（二）由断续走向持续的职业发展理论

自我更新取向的高校英语教师职业发展模式的提出，也与人们再次认识到高校英语教师职业发展的复杂性有关。影响高校英语教师职业发展的因素的范围非常广泛，既有正式因素，也有非正式因素，从时间上甚至可以追溯至他们在中小学时期的学习经历。职前英语教师在进入师范学校时，头脑中并非一片空白，他们对教学、学习、教师和学生等已经形成自己的观念，然而，"知识传授＋学习＋个人综合运用知识"的教师教育模式所隐含的学到知识等于职业发展、个人能够在初任高校英语教师阶段自行将所学知识恰当地运用于课堂教学实际场景的假设难以成立，短期的高校英语教师教育的效果十分有限。高校英语教师在学校的教学工作十分复杂，有短暂、不确定、快速变换等特点，要求高校英语教师有高度多样化的认识、情感和能力。而这样多方面的要求，难以一一具体地罗列出来，也难以体现在高校英语教师的课程之中。因此，在职前英语教师教育以后，高校英语教师所达到的职业发展水平与所要求的水平之间仍有一定差距。所以，在高校英语教师的职业发展过程中，继续保持连续的职业发展显得尤为重要。而"自我更新"取向的高校英语教师职业发展模式不仅使高校英语教师从被动学习者转变为了主动学习者，而且也使局限于特定时空的、断断续续的、不连贯的、缺乏内在逻辑与发展关联的高校英语教师教育转到了不受时空限制的、可持续的高校英语教师职业方向发展。

三、高校英语教师实现自我更新的影响因素

影响高校英语教师自我更新的因素主要包括内部因素和外部因素两大类。

（一）内部因素

内部因素对事物的发展具有决定作用。高校英语教师的发展也是如此，其在很大程度上取决于高校英语教师自身的发展。这也是一些教育专家、学者基于对几所高校的英语课堂走访和试听后所得出的结论。

与此同时，高校英语教师自身的自主意识也在其职业发展过程中起着关键性作用。高校英语教师自身的自主意识具体指的就是高校英语教师在具体的教学过程中有意识地对教学过程中所遇到的问题加以改进。高校英语教师的这种自主提升其个人专业知识和渴望更新个人专业知识等的能力，对高校英语教师个人的职业发展起着决定性作用。

（二）外部因素

高校英语教师的发展还在某种程度上受到外部社会环境因素的制约和影响。英语是一种交流工具，这门语言需要放到具体的语境中才能更好地被学习者理解和接受，高校英语教师作为学生的引导者，其知识水平对学生的知识水平和能力起着决定性的作用。因而，高校英语教师的职业发展也需要高校和社会等外部客体提供相应的资源和机会。同时，高校英语教师的职业发展受到外行对其职业认同感较差、课时量较大、科研时间较少等因素的制约。

第四节 教师社会化理论

相关学者从社会化理论角度入手,对高校英语教师的发展情况进行研究。高校英语教师作为社会中的一名成员,在其从普通人转变为专业教师的这一过程中,必然会通过自己的能力、需求、意向等与学校机构进行交涉,而这些行为就是高校英语教师作为个体所实行的多种社会化的一种表现。具体而言,高校英语教师专业社会化即社会个体作为一名专业的教学成员,通过自己的不懈努力逐渐在教学过程中承担起相应的职责,实现角色的成熟,进而拥有较高的专业地位的一种渐变过程。从时间层面来看,高校英语教师专业社会化的过程不是瞬间完成的,而是贯穿于高校英语教师整个职业发展的全部过程。

一、相关学者提出的观点

(一)盖茨尔斯和古博提出的观点

盖茨尔斯和古博(Getzels & Guba)认为,"社会系统是由规范层面和个人层面这两个理念上彼此独立、实际上相互作用的层面所组成的"[1]。规范层面是机构对其中各个组成角色的期待,以达成团体的目标为原则。个人层面是个人与其人格需要的层面。这两个层面相互影响就会产生社会行为。

规范层面的探讨是以社会学的观点来分析组织行为的,由于社会分工的不同,因此就会有不同的机构,不同的机构有既定的功能与运作方式。每个机构中都有不同的职位与身份,每个人在其中所扮演的角色也不同,而这种不同由期待来界

---

[1] J.W. Getzels, E. G. Guba. Social Behavior and the Administrative Process[J]. The School Review,1957(65):423-441.

定，期待就是机构中的规章制度。

在整个规范层面中，重点要讨论的是角色。角色之间是相互联系的，一个角色的权力也许就是另一个角色的义务，如校长的角色，如果没有高校英语教师就不会有所谓的校长，而校长监督高校英语教师的权力对于高校英语教师来说就意味着必须履行教学的责任。因此，当人们分析一个人的角色期望时，除了其本身，也要考虑其与相关的其他角色的关系，只有这样才能获得比较完整的信息。

对于一个角色的期待，依其需求程度不同，可将"绝对要做"与"绝对不可做"两点连成一线。线之间为规章中所制定的命令，其间的行为由团体共识来决定，有的鼓励去做，有的则不鼓励。执行与否，视个人而定，如高校英语教师根据规定要工作7小时，但对在课后是否需要做课后辅导则没有限制。虽然按照常理，这种行为是被鼓励的，但是高校英语教师没有做辅导，也不会违反规定。所以，一个组织对于角色的期待与个人面对的原则都有弹性。这种弹性使个体在团队中的效能发生了变化。以高校英语教师为例，高校英语教师在完成教学任务之后，校长期望有些高校英语教师做一些科研活动，对有些高校英语教师则不再抱任何期望。这种对角色的期待不同，使得个体的效能也发生了变化。

个人层面的探讨主要以心理学的观点来分析个人行为。同一角色，同样的期望，但个人扮演方式不同，行为就不同。造成这种差异的原因除了外力因素，还有个人人格的差异。人格的差异主要是个人需要倾向不同所导致的。个人的需求倾向代表着一股发自内心的动机的力量，这股力量配合着行动，目的在于完成他人对其扮演角色的期待。基本上，目标导向的需求倾向依情境不同而有等级之别，而个人的需求倾向处于动态变化之中。一个人在十年前与十年后所扮演的同一角色也会有所不同。

需求目标还对个人对其环境与角色的认定起重要作用。如前所述，角色期望在"绝对要做"和"绝对不要做"之间的部分是因人而异的。一个因生理状况而忙碌的高校英语教师，将会很少花时间与学生相处，其发展可能也会走到尽头。

而对于一个自我实现的高校英语教师而言，在完成教学计划的同时，还会与学生相处，更好地改善自己的教学，其职业进程还会向前发展。

根据盖茨尔斯和古博的理论，个人在社会系统中的行为，是由其扮演的角色和人格的交互作用而决定的，而角色和人格在其中所占的比重不同，对行为结果也会产生影响，所以整个社会行为的产生是动态而灵活的，这为高校英语教师职业发展的研究提供了新的视角。

（二）莱西提出的观点

莱西（Lacey）在针对实习教师的研究中，把教师专业化过程分为四个阶段，针对高校英语教师来说，这四个阶段如下：

第一阶段为"蜜月"阶段，实习英语教师体会到了做教师的乐趣，同时从繁重的学习中解脱出来，因而乐于从教。

第二阶段的高校英语教师对教学材料、教学方法非常重视，他们往往会积极查找和学习各种新的教学材料与教学方法来提升自己应对课堂授课的能力，提高自己控制课堂的能力。

第三阶段的高校英语教师往往处于各种"危机"之中，课堂中会出现各种意料不到的问题，这给新入职的高校英语教师的心理带来极大的压力，新入职的高校英语教师仅通过新的教学材料、新的教学方法往往无法应对这些危机。这一阶段虽然给每一位高校英语教师所带来的心理影响是不同的，但一些高校英语教师在这一阶段会产生离开这一职业的想法。

第四阶段是"设法应付过去或失败"的阶段，这时，有的高校英语教师对不得不做出妥协和改变不再感到内疚，能够坦然地以高校英语教师的姿态出现在课堂上，而不能做到这一点的高校英语教师可能会离开教师岗位。

二、社会化理论引导下的高校英语教师职业发展路径

（一）社会化理论引导下的制度建设

1. 制定英语教师学习基地建设保障性政策

强化政府职能，构建以政府为核心纽带的"U—G—S"模式（University—Government—School，即大学—政府—学校三元联动），是建设英语教师专业学习平台的重要保障。政府通过财政投入与职权配置，可有效推动高校英语教师社会化进程的健康发展。为了切实保障英语教师学习基地的建设，政策支持应涵盖以下要点：一是明确学习导向，县级乃至市级教育部门作为中间桥梁，要负责牵头组织学习基地建设，实行统筹管理，齐心协力推动高质量教育培训工作的开展。教育部需细化学习辅导指标，为地方教育局提供专项基金支持，以助力其整合教育资源，促成卓越的辅导项目落地开花；二是着手创建职业发展学校，巩固高校作为英语师资培育摇篮的地位与影响力，承担引领英语教师职业成长的重任。政府应携手高校共谋学习蓝图，确立合作方案与考核准则，制作操作指南，确保英语教师了解自身权益与职责所在。同时，高校应开设进修课程，拓宽资源共享渠道，充实辅导材料，加大专业指导力度，全力支持英语教师职业素养的全面提升。

2. 制定英语教师遴选制度

要严格制定英语教师遴选条件和资格要素，制定并设计英语教师遴选制度。为此，高校应组织管理人员及专业老师共同对全体英语教师开展面试，主要评价指标包括：英语教学专业技能、教师综合素养、语言表达能力、人际沟通能力等。同时组织对高校英语教师进行英语专业基础理论课程和实践技能考试。之后，综合面试成绩、理论、实践考试成绩进行排名，并结合各高校不同的要求，参考英语教师本人意愿，设定不同的职业发展计划。

（二）社会化理论引导下的教师自我发展

1. 形成反思性实践

在入职之初，英语教师大多自觉或不自觉仿效地导师或前辈的教学行为，这种模仿往往流于表面，仅是对已有经验的简单复刻，而且其中混杂了许多未经检验的"想象经验"。教师往往会将目之所及视为导师思想的直观展现，然而，这实际上是对自己内心"观看经验"的构建。因此，在社会化进程中，指导教师不仅要展示实际案例，更要深入剖析从准备至反思的全过程，让年轻教师洞悉课堂内外的全貌。在教学前线，高校英语教师偶尔遭遇新颖、不可预知、充满变数的课堂场景，他们通过反复思考自身的教学方法，能锤炼自己的观察能力、分析能力、解读能力和决策能力，进而构建个性化的教学风格。鉴于英语专业实践的特点——问题纷繁、不确定性高、情景多变、独一无二，加之价值取向多元，单一、模板化的解决方案显然行不通，这就要求教师在行动中及时进行自我反思，对行动本身进行审慎检视。由此可知，英语教师的社会化进程绝非机械式的技能运用，而是反思性实践的体现。在此背景下，高校英语教师的社会化实践远不止于技术操作层面的应用，而是会涉及深刻的思想碰撞与创新思维的孵化。因此，教师不仅要具备扎实的专业功底，还要善于在实战中汲取教训，总结经验，灵活应对各类教学挑战。唯有如此，他们方能在复杂多变的教学环境中游刃有余，培育出自成一体的教学哲学，进而引领学生深入学习。这一过程既可彰显教师专业成长的独特魅力，又能反映教育艺术与科学精神的完美交融。

作为教师职业发展的起点——英语教师社会化引导应该把培养英语教师的反思意识、习惯、能力作为一项重要任务。传统的引导基于"能力本位"的引导观，强调"胜任型"英语教师的培养，使其成为按照固定模式和方法操作的"技术员"。总的来说，向英语教师提供必需的元认知技能（如引导性问题、反思模型等）是促进反思习惯养成、反思能力提高的主要策略。

2. 设立学习共同体

英语教师的社会化发展，实质上是一场集体参与的旅程，其根植于人际网络之中，倡导英语教师通过彼此间的互动与共鸣来汲取养分，共同成长。高校英语教师通过共同学习，能够展现出一种开放、信任与互助的精神风貌。在这样的社群里，面对教学挑战与困惑时，英语教师不再是孤军奋战，而是携手同行，坦诚交流，共同探寻解决方案。成员之间在追求共识的同时，往往也会珍视个体差异，容许观点碰撞，激发多元思考。通过深入探讨，辩驳论证，每个人都能深化理解，丰富见识，提升批判性思维。此外，学习共同体本质上是一座桥梁，连接不同的成长背景，每位教师都能从中受益匪浅。异质性的交流不仅能够打破认知壁垒，还能培养全球视野，让每一个参与者在相互启发中发现自我潜力，超越原有界限，向着更加广阔的天地迈进。在这样融洽的氛围中，英语教师不仅可以收获知识，促进自身技能的提升，更重要的是，他们可以学会如何成为一个终身学习者，永不停歇探索的脚步。学习共同体内的互动还可以激发创新灵感，鼓励尝试新方法，拥抱变化，不断前行。每一位成员都能在这里找到归属感，感受到成长的乐趣，进而为塑造开放包容、持续进步的教育环境做出贡献。

在学习共同体中，英语教师会有一些共享的东西：共同的愿景，愿景中蕴含着共同的目标和价值体系，指导着英语教师未来的学习和教学；对知识、教育目标、学科结构等教育元素共同的理解和共同的取向；对如何运用这些教育元素有共同的态度立场；共同的概念体系，为英语教师提供社会化的工具。学习共同体中的教师成员在共享中有价值的相互影响、相互引导，使其能够在相互学习的基础上共同完成既定的任务。

学习共同体的建立可以更加有效地促进英语教师把学习、教学、职业发展等过程看作团队间个体共同建构、互助互促从而实现团体与个体的共同发展。

第五节 综合研究理论

虽然国内外众多学者从不同角度与层面对高校英语教师职业发展理论展开了细致、深入的研究,也取得了一定的成果,但是,有的学者仍然认为这些理论并不能从整体上来影响高校英语教师的职业发展。为此,相关学者提出了综合研究理论。

一、提出综合研究理论的原因

高校英语教师职业发展阶段的心理发展理论、职业周期理论以及社会化理论,虽然从不同角度揭示了高校英语教师职业发展的某些方面,但若从全面、综合的视角来审视高校英语教师职业发展的整体结构,这些理论中的任何一个都未能提供一幅清晰、完整的纵向发展图景。这主要归因于两大因素:

首先,高校英语教师作为一个统一且完整的人,其职业发展涉及多个层面。仅从职业周期、心理发展或社会化的单一角度来探讨,显然难以全面反映高校英语教师专业成长的复杂性。这些理论受限于各自的特定视角,无法涵盖职业发展结构中各个要素的动态变化。例如,心理发展理论主要关注个体处理抽象关系时思维方式的演变,强调在特定阶段应具备相应的判断和解决问题的能力,以更好地认识生活的方向和意义;职业周期理论则侧重于通过人生重大事件及其解决方案来描述人的发展,要求个体在特定年龄应对特定的人生挑战;社会化理论则聚焦于高校英语教师的角色适应和角色冲突解决过程。尽管这些理论各有侧重,但均未能全面关联高校英语教师职业发展的所有方面。从纵向发展的角度看,它们或许适用于分析教师职业发展的某个特定阶段,但难以贯穿各个阶段并提供整体性的分析。

其次，这些理论并未直接回答高校英语教师职业发展的本质过程。即便有这些研究成果作为参考，但人们对于高校英语教师职业发展的理解仍然如同"雾里看花"。这主要是因为这些理论对高校英语教师作为专业人员所必需的专业技能体系，以及个体如何在教学专业内部获得自主性的过程研究不足。虽然这些理论为人们提供了一定的洞见，但仍需更全面的研究来揭示高校英语教师职业发展的真实全貌。

二、综合研究理论对高校英语教师职业发展的启示

为了更如实地反映高校英语教师职业发展的复杂过程，为今后的研究提供更加合理的理论体系，许多学者都做出了努力。利思伍德（Leithwood）以及贝尔和格里布里特（Bell & Gillbreyt）便是突出代表。

（一）利思伍德的观点对高校英语教师的启示

学者利思伍德没有沿着以往人们单一的思维模式来研究教师的职业发展，他在总结自己阶段研究理论的基础上，提出应该从不同的角度、层次来研究与探索教师发展的不同阶段，即采用一种综合的观点。这位学者指出，教师的职业发展过程不仅涉及个人的心理发展，而且还涉及其职业周期发展、专业技能发展，这三个方面是相互独立、相互依赖的，三者之间的关系是十分密切的。

利思伍德对教师的各个发展阶段进行综合研究，通过对教师自我方面的发展、道德方面的发展、概念方面的发展的研究之后，他将教师的职业发展具体分为几个阶段，针对高校英语教师来说如下：

1. 第一个阶段

处于这一阶段的高校英语教师拥有简单、单纯的世界观与价值观，在判断自己面对的事物时，出发点往往是非黑即白。他们非常坚持原则，所奉行的最高准则就是将权威视为善良的代表，他们眼中所有的问题只存在一种答案。这

一时期的高校英语教师通常鼓励学习者持有顺从心理，进行一些机械的学习行为，不提倡学习者持有求异思维，在课堂上他们也是主导者，对学生具有绝对的权威。

2. 第二个阶段

高校英语教师主要表现为"墨守成规"，他们特别容易接受他人的期望。高校英语教师的课堂有着传统的特征，课堂规则十分明确，无论学生之间有什么差异，或者有什么特殊情况，学生都必须严格遵守规则。

3. 第三个阶段

这一阶段的高校英语教师完成自己职责的出发点通常是凭自己的良心，此时高校英语教师的自我意识是比较强烈的，他们已经可以看出一些情况下可能出现的各种可能性。高校英语教师可以依据各种不同的、具体的情况采用不同的规则，他们已经将各种规则内化，能做到灵活运用。在这一时期，高校英语教师对学生的成绩以及未来发展十分关注，他们会认真设计、教授每一节课，同时注重教师与教师、教师与学生之间良好关系的建立。

4. 第四个阶段

这一阶段的高校英语教师较有主见，同时看重课堂等社会情境中的人际关系。处于这一阶段的高校英语教师，能够较好地协调提高成绩和建立良好人际关系之间的关系，能够从多角度分析遇到的课堂情境并予以恰当处理。因为这一阶段的高校英语教师对课堂规则的原理已经有所理解，所以他们在应用规则时显得更加灵活、明智。在这些高校英语教师的课堂中，师生之间密切合作，强调学习的意义，强调创造性和灵活性。这时，高校英语教师自身的认知加工复杂程度提高，所以也鼓励学生有相应的表现。

通过上述分析可以得知，高校英语教师本身的心理素质有高有低，这往往使他们表现出不同的工作效能：心理认知水平较高的高校英语教师与心理认知水平较低的高校英语教师相比，其在教学中所发挥的作用更大，表现更加灵活多变，也可以承受更大的工作压力，而且具备较强的环境适应能力，可以采用更加多维的角度来看待问题且采取相应的对策与方法。

从高校英语教师的角度来看，不同阶段的高校英语教师对待和处理课堂问题的方式存在显著差异。初任高校英语教师，尤其是那些处于较低认知水平的教师，可能会面临难以激发学生学习动机的挑战，并可能倾向于将课堂纪律问题归咎于学校管理层。然而，具有更高认知水平的高校英语教师则会更加尊重学生个体，其会以理解和宽容的态度来对待学生，强调个体差异的理解，并努力促进学生的全面发展。这种差异反映出高校英语教师的认知阶段对其处理课堂事件的态度和方法具有深远影响。

首先，心理发展对高校英语教师的职业态度和教学理念有着重要影响。根据利思伍德的理论，高校英语教师在不同阶段会经历不同的心理变化，如从单纯的从教者到成熟的教育者的转变。高校英语教师需要认识到这些心理阶段的特点，以便更好地调整自己的教学态度和策略，适应不断变化的教学环境和学生的需求。

其次，专业技能发展强调了高校英语教师在职业生涯中需要不断拓展和提升自己的专业知识和技能。对于高校英语教师而言，这意味着他们要不断更新自己的语言知识和教学理论，提高教学技能和科研能力。通过参加专业培训、学术研讨会等活动，高校英语教师可以不断汲取新知识，提升自己的专业素养。

最后，职业周期发展提醒高校英语教师要关注自己职业生涯的整体规划和发展。在不同的职业阶段，高校英语教师需要面对不同的挑战和任务，如入职阶段的适应与融入、稳定阶段的创新与突破、达到专业发展平台期后的自我超越等。高校英语教师需要明确自己在每个阶段的发展目标，制订合理的职业规划，以便更好地实现自己的职业抱负。

（二）贝尔和格里布里特的观点对高校英语教师的启示

利思伍德在教师职业发展体系的探讨中取得了显著突破，他从横向角度着重强调教师职业发展、职业周期、心理发展以及专业技能发展之间的相互依存关系。而贝尔和格里布里特则从纵向视角出发，通过打破教师职业发展中明确的阶段界限，更加真实地反映了每位教师专业成长的独特经历。这两位学者通过深入研究，提出了一种全新的教师职业发展模式——演进模式。他们强烈反对使用刻板的职业发展阶段模式来探究教师的发展。从宏观层面来看，贝尔和格里布里特所提出的演进模式主要描绘了教师整个职业生涯的宏观发展轨迹；从微观层面入手，用以阐释教师如何实现自身的职业发展。

贝尔和格里布里特进一步指出，尽管阶段模式承认教师的发展过程可以加速或滞后，但其认为发展的顺序是固定不变的。然而，在实际情况中，教师可能会跳过某些阶段，呈现出跃进式的发展态势。根据对个别教师职业发展的追踪研究结果，他们发现，所谓的"阶段"更像是一种理论构想，而非每位教师真实发展过程的写照。

由此可见，高校英语教师职业发展的阶段模式存在的缺陷在于，它无法准确反映不同高校英语教师在不同情境下所展现出的各种差异。教师专业素质与能力发展的演进模式，可以更全面地描绘高校英语教师的专业成长。在阐述这一理论时，贝尔和格里布里特并未采用"阶段"这一术语，而是将高校英语教师的职业发展情境划分为以下三种：确认与渴望变革的情境，这体现了高校英语教师对自身职业发展现状的认识以及对改变的渴望；重新构建的情境，这代表了高校英语教师在职业发展过程中不断调整和重塑自己的过程；获得能力的情境，这标志着高校英语教师在经历前述阶段后，实现了专业技能和素质的提升，获得了新的教学能力。

在高校英语教学环境中，高校英语教师需要不断应对新的挑战和变化，如教学技术的更新、学生需求的变化等。贝尔和格里布里特的观点启示高校英语教师，要勇于正视这些变化,并积极寻求变革。高校英语教师应该保持开放的心态,主动适应和接受新的教学理念和方法,以不断提升自身的教学水平。

在确认与渴望变革的基础上,高校英语教师需要进一步进行知识、技能和观念的重新建构。这意味着高校英语教师要不断更新自己的专业知识储备,提升教学技能,并调整教学观念以适应新的教学需求。通过参加专业培训、学术交流、教学研讨等活动,高校英语教师可以不断拓宽自己的视野,吸收新的教学思想,实现自我提升和成长。

贝尔和格里布里特还指出,获得能力是高校英语教师专业发展的重要阶段。对于高校英语教师而言,这意味着其要在教学实践中不断提升自己的教学能力,形成自己独特的教学风格。高校英语教师应该注重提升自己的课堂教学能力、科研能力以及跨文化交际能力等,以更好地服务于英语教学和学生发展。同时,高校英语教师应该具备终身学习的意识,不断追求自我进步。

第四章　高校英语教师职业发展途径

　　高校英语教师的职业发展途径是多元化的，既涉及教师个人的努力，也离不开学校及社会的支持。本章为高校英语教师职业发展途径，主要介绍了五个方面的内容，依次是改革教师培养机制、改善社会支持系统、增强教师教学动机、实现教师自主发展、建设数智化教学环境。

第四章　高校英语教师职业发展途径

第一节　改革教师培养机制

当前，高等教育领域十分重视英语教师教育课程设置的学制和学段改革，国内外知名的师范大学和综合性大学积极开展改革研究与实践，一些大学设立了专门的教师教育学院，专注于研究教师教育培养模式的改革，一些普通的师范院校也积极参与其中，展现出各自的教学特色。在这些改革实践中，北京师范大学和华中师范大学所进行的"4+2"模式试验尤为引人注目，这种模式将本科教育与硕士教育阶段的教师培养紧密衔接，形成一个连贯的培养体系。

自 2006 年起，华东师范大学开始实施"4+1+2"模式，同样强调本科与硕士教育的衔接，学生在完成四年的本科学习后，要参加一年的教育实习，之后可以继续深造两年，获得硕士学位，从而实现理论与实践的有效衔接。这些改革措施的实施有助于培养更多高素质的英语教育人才，提高教师入职的学历层次，满足社会对高质量英语教育的要求。此外，一些地方性普通师范院校充分考虑了地方教育环境的特殊性以及本校师生的实际情况，由于当地教育资源有限，这些学校并未盲目效仿重点大学或综合性大学的改革举措，而是在大学本科四年制的既有框架内，通过运用"3+1"或"3.5+0.5"模式，将理论学习与实践教学相结合，着重提升职前英语教师的课堂教学实践能力。

上述改革试验与探索为教师教育的发展提供了极具价值的经验，对于促进教育质量的整体提升具有重要意义。尽管全国各地学校的类型和层次不同，每一所学校的实际情况也具有很大差异，但上述教师教育改革都强调提升教师的基础教学技能，注重培养职前英语教师的教育教学能力，重视对职前英语教师行动研究能力和教育反思能力的培育，旨在培养教师的自我完善能力。上述改革举措既紧密结合了学校的实际情况,又充分彰显了学校的教育特色,学校能够根据自身的定位和优势设计符合自身特点的教师培养方案。在深化教师培养机制改革的过程中,还可以从以下几个方面进行探索:

一、探索高校联合培养机制

为了进一步提升高校英语教师的教学实践能力,师范院校或其他专门从事英语教师教育的机构可以与其他高校展开合作,同时引入并实行导师制度,通过接受校内或机构内导师的系统指导,职前教师能够实现专业成长,将理论知识有效运用于实际教学中。在这种合作模式下,学科专业知识的教学与教育实践技能的培训被有机地结合起来,职前英语教师可以在合作高校中熟悉教学环境和教学内容,锻炼自己的教学能力,在完成理论学习和校内技能训练后,职前英语教师将有机会进入合作高校,将他们在教育机构中学到的教育理论知识运用到真实的高校课堂中。

职前英语教师在前往高校进行教育实习工作之前,需要对即将面临的教学环境和任务有一个全面的了解。为了确保这些未来的英语教师能够顺利地适应并胜任他们的工作,英语教师教育机构会安排经验丰富的导师为他们提供专业指导,帮助职前教师克服实习过程中可能遇到的困难。在实习期间,职前英语教师要进行自我反思,从而更好地了解自己的教学行为和效果,不断提升自己的教学能力。在这个过程中,职前英语教师需要审视自己的教学行为,思考如何改进教学方法,如何更好地与学生互动,以及如何更有效地教授英语知识。通过这种持续的反思和自我评估,职前教师能够逐步构建起一套适合自己的教学体系,为将来成为一名优秀的英语教师打下坚实的基础。

单纯依赖实践所累积的知识是不足以应对教学中的各种挑战的,英语教师必须掌握系统的教学理论知识。职前英语教师可以通过撰写对话日志等记录和分析教学实践中的具体情境,并借此机会培养和锻炼自己的反思习惯与能力。将反思性教育实践活动与特色课程体系的建设相结合是培养职前英语教师职业能力的重要手段，通过这种方式，教师可以在实际教学中应用所学的理论知识，并在实践中检验和深化这些理论，使他们在未来的教育工作中更加自信地应对各种教学挑战。

二、提高教师教育质量

首先，师范院校必须深入调查研究，明确导致职前英语教师学习效能感低下的根本原因。在明确原因的基础上，师范院校应着手实行一系列改革措施。在教学管理上，学校应始终坚持以人为本的原则，关注学生的个性化需求，注重学生的个体差异，促进学生的全面发展。课堂教学中素质教育理念的落实是提升职前教师学习效能感的关键，师范院校的教师应通过各种教学活动促进学生综合素质的提升。此外，师范院校应加强英语课堂教学与高等教育教学的衔接，课程内容和教学方法应与高等教育阶段的学术要求相匹配，为学生未来的学术深造或职业发展打下坚实的基础。

其次，为了确保职前高校教师能够掌握必要的知识与技能，师范院校在培养教师的过程中必须采取一系列系统性的培训措施，开展针对性的学习策略训练，帮助职前教师学会更有效地吸收和处理信息；实施时间管理训练，使职前教师学会合理规划学习与生活，确保时间的高效利用；提供资源应用与管理训练，指导职前教师充分利用各种教育资源，提升学习的深度与广度。通过这些综合性的培训，师范院校能够提高学生的学习满意度，为他们未来的职业生涯打下坚实的基础。师范院校应引导学生利用教育见习、教育实习等机会深入实际教学环境，让他们近距离观察和学习经验丰富的教师如何与学生互动，如何处理课堂上的各种情况。通过这种实践，学生能够获得宝贵的教学实践知识，还能够在真实的教学环境中检验和巩固他们在课堂上学到的教育理论知识。

最后，师范院校要引导职前英语教师正确认识和理解教师职业价值，帮助职前教师认识到教师职业的崇高使命，以及在塑造下一代中所扮演的关键角色。师范院校应积极为职前英语教师创造体验教师职业价值的机会，如组织职前教师参与实习、教学观摩、教育项目等，这样的体验有助于职前教师对教师职业建立积极情感，还能够提升他们的教育实践能力。对于职前教师和在职教师而言，具备较高的学习满意度意味着他们对所学的内容和学习环境有较为积极的评价，提高学习者的学习满意度能够增强他们的自信心，激发他们的学习动力，从而使他们更好地适应教师职业。

三、抓好职业指导工作

师范院校及其他英语教师教育机构必须切实开展职业指导工作，帮助那些即将步入职场的英语教师找到适合自身职业发展的路径，引导他们以一种发展的视角来审视那些在他们人生中扮演重要角色的人物所带来的影响，这些影响可能源自家人、朋友、导师和同事等。通过全面分析社会发展需求以及个人发展需求，职前英语教师能够更加清晰地认识到自己的职业定位和未来发展方向，从而更好地规划自己的职业生涯。在个体的职业选择过程中，家庭成员或亲属等重要人物的看法会对个体的选择产生较大影响，在思考是否投身教育事业时，职前英语教师可能会不自觉地以这些关键人物的建议或想法为参照。

高校英语教师的职业能力基础往往是在师范院校接受教育时奠定的，教师在教学过程中展现出的指导能力、教材处理能力以及管理能力等职业能力对于教师来说至关重要，因为教师职业能力水平的高低直接关系到教学效果和学生的学习成效。在当前的教育实践中，教师经常面临诸多问题，这些问题不仅考验着教师的专业技能，也对其职业能力提出了更高的要求。师范院校作为培养未来教师的摇篮，承担着培养教师职业能力的重要使命。只关注学科专业知识和专业技能的传授已不再适应现代教育的需求，因此，必须对这种授课方式进行调整，以培养出能够适应现代教育挑战的高素质英语教师。

综上所述，师范院校及其他英语教师教育机构肩负着重要的责任和使命，这些教育机构必须积极开展调研工作，深入分析当前的教育环境和市场需求，以便及时发现并解决教育体系中存在的问题，确保教育内容和方法与时俱进，为高校英语教师的职业发展奠定良好的基础。

教育行动研究是一种旨在提高高校英语教师英语教学实践质量的系统性探究活动，组织高校英语教师参与教育行动研究，能够培养和增强他们的教学研究及教学反思能力，提升其职业能力。通过教育行动研究，教师能够更好地理解学生的学习需求，调整教学策略，从而提高教学效果，同时，这种研究还能够促进教师之间的合作与交流，使教师们形成一个积极向上的教学研究共同体，共同推动高校英语教学质量的提升。

高校英语教育行动研究在促进职前英语教师教育向在职教师职业发展的过程中扮演着至关重要的作用，它不仅为职前教师提供了将理论知识与实际教学相结合的实践机会，还为在职教师提供了持续学习和专业成长的平台。通过教育行动研究，教师能够不断地反思自己的教学实践，探索更有效的教学方法，从而实现个人职业能力和教育质量的提升。高校英语教师在教育研究领域通常被边缘化，教育行动研究能够赋予他们参与教学知识研究与专业知识生产的机会，帮助他们实现职业角色的转变。

新手高校英语教师在职业生涯的起步阶段普遍会遇到一系列复杂棘手的问题，这些问题不仅考验着他们的专业能力，也对他们的心理承受能力发出了挑战，许多新教师在面对这些挑战时会感到焦虑，有时甚至会感到手足无措。这些新手教师在大学期间所接受的教师教育课程未能为他们提供全面的执教心理准备、知识储备以及教学技能，这使得他们在执教初期往往会发现理论与实践之间存在差距。面对教学实践中的种种复杂情况，他们往往会感到力不从心。师范院校教育致力于为职前英语教师提供知识与技能教学，鉴于教学实践的复杂性和多样性，学校的教师教育内容不可能包括所有教学情景、教学问题及解决办法。新手英语教师所需要的并非那种只提供固定模式和步骤的教育方式，因为教师在实际教学过程中遇到的教学问题都是不同的，教师需要具备对所遇到的问题进行分析和解决的能力。英语教育行动研究是一种能够帮助和支持新手英语教师度过执教初期的有效方式，通过行动研究，教师能够对自己的教学实践进行反思和评估，从而不断调整和改进教学策略，以适应不断变化的教学环境和学生需求，有助于新手高校英语教师顺利实现从学生到教师的过渡。

参与教育行动研究有助于职前英语教师学习教育研究的基础理论知识，使他们更深刻地理解英语教育教学研究与实际教学活动之间的紧密联系，此外，通过亲身参与教育行动研究，职前英语教师将有机会进一步练习和应用所学的研究方法和手段，从而在实践中提升自己的研究能力。在参与教育行动研究的过程中，职前英语教师能够获得教学与科研经验，这将有助于他们在未来的教学实践中更加自信地面对挑战。

通过参与教育行动研究，职前英语教师能够在未来的教学过程中更加灵活地运用理论知识，创新教学方法，从而为学生提供更加丰富和多元化的学习体验。为了培养更加适应现代教育需求的英语教师，师范院校和教师教育机构需要重新审视和调整现有的教育模式，将教育行动研究纳入职前英语教师的教育课程体系中，以促进教师的专业成长和教学质量的提升。当前英语教师教育正经历一场深刻的变革，新的教学模式强调以学习者为中心的教学理念。这一模式强调，高校英语教师要做的不只是传递知识，他们应不断反思自身的教学过程，不断更新与完善教学方法，促进个人的职业发展。参与教育行动研究能够帮助教师系统地记录和反思自己的教学实践经历，促进教师将专业知识转化为清晰的教学思路。这种转化过程对于教师构建具有个性化特点且具有实用性的教学理论体系至关重要，有助于教师在教学实践中更加灵活地应用教育理论知识，从而提升教学效果，满足学习者多样化的学习需求。

第二节 改善社会支持系统

要促进高校英语教师的职业发展，除了建设完善的教师教育机制，还要构建健全的职业发展机制和社会支持体系，它们能为教师提供必要的外部保障条件。

一、改善高校英语教师的职业环境

高校英语教师的职业环境会受到社会大环境的综合影响，社会文化氛围、政策导向、经济发展水平以及科技进步程度等因素相互交织，共同影响着教师的职业生涯。教育环境是一种由自然环境、社会环境及精神环境组成的复杂生态系统，在这一生态系统中，自然环境为教育活动提供了物质基础，社会环境则通过政策制定、经济支持等途径对教育产生深远影响，而精神环境则涵盖教育理念、学术氛围、价值观念等更为抽象的层面，这些环境因素相互作用，对教育的发展产生了深远的影响。夸美纽斯提出的"教育环境应当适应自然"的观点、维果茨基（L.S.Vygotsky）等人提出的交互环境论、吉布森提出的给养观以及之后形成的生态系统观和环境保护观等理论，进一步加深了人们对学习环境的理解，强调学习环境与个体发展之间的相互作用和影响。随着信息技术的发展和便携式设备的普及，越来越多的研究者开始探讨如何利用现代科技手段来优化教育资源的配置，解决信息技术时代的学习管理问题，从而提高学习效率，一些学者还探讨了教育环境在学习者创造力培养过程中的作用和影响。

高校英语教师的职业环境按照教育管理主体进行划分可以分为国家、地方及学校三个不同层面。教师职业环境的国家层面是整体职业环境中的决定性层级，是由国家的教育法律法规与教育政策构成的宏观教育环境，对于中观与微观教育环境具有深远影响。国家层面的教育政策调整会直接影响到地方教育规划的制订和学校教育实践的开展。随着高等教育入学率的不断提升，越来越多的学生有机会接受高等教育，这不仅提高了国民整体的教育水平，也促进了社会经济的全面发展。同时，职业教育的加速发展，特别是针对技术技能型人才的培养，使得教育结构得到了调整与完善。

地方层级（省、市、区、县）的教育政策及其对国家教育政策的落实状况构成了中观教育环境，相较于宏观教育环境，地方层级的教育环境更为严格、具体、具有约束力，这一层级的教育环境也具备最大的弹性。这种环境的复杂性和多变性，要求高校英语教师具备高度的适应能力和持续的学习动力，以应对地方教育环境带来的各种挑战。

学校及班级层面的教育环境是微观的教育环境，决定着教师在实际工作中的幸福感与成就感。从教师职业发展的角度来看，微观教育环境对教师的成长路径具有重要影响。在积极的微观教育环境中，教师能够获得必要的支持，从而加速其专业成长和职业发展。相反，在充满挑战和压力的微观教育环境中，教师可能会遇到职业发展障碍，甚至停滞不前。学校教育环境之间的差异不仅体现在硬件设施和教学资源上，更体现在教育理念、管理风格和校园文化等方面，这些方面的差异会对教师的职业发展产生深远影响。因此，为了促进教师的职业成长，学校和教育管理部门应当致力于营造积极、健康的微观教育环境，为教师提供良好的工作条件和专业发展的机会。

国家及地方教育法律法规和教育政策等对高校英语教师的职业行为和道德规范提出了明确要求，为教育实践提供了基本遵循和行动指南，推动着教育活动的有序进行和教育质量的持续提升。持续加强和优化教育政策的正面导向功能，有助于职前教师在专业成长的初期树立正确的职业理念，通过政策的引导，教师能够深入理解教育的宗旨，明确教育的社会责任，更好地实现教育目标。

学校微观教育环境具有隐性教育功能，高校管理者必须采取措施改善高校英语教师的职业环境，促进在职高校英语教师的专业发展。首先，校园环境的美化工作是基础，包括对校园建筑外观的设计与维护以及教室与办公室内部环境的优化等。美观、宜人的学习和工作空间能够改善教师和学生的心情，激发他们的创造力。其次，教学设施的完善是提升教育质量的关键，涉及教学设备的现代化，如多媒体教学工具、互动式白板等设施的更新换代。管理者应当确保教学工作的中心地位，倡导尊重、理解和合作的教风，鼓励师生之间、教师之间积极互动，营造融洽、和谐、健康的校园人际关系氛围。同时，高校管理者应为英语教师提供学习与提升的机会，确保英语教师能够了解最新的教育理念和教学方法，通过定期开展校内及校际教学研究与交流活动，教师能够相互学习、分享经验，并就教学中遇到的挑战进行深入探讨。此外，可以邀请校外英语教学领域的专家或优秀英语教师为本校英语教师开展具有针对性的专业培训，促进高校英语教师更新教育理念，拓宽专业知识范畴，提升职业能力素养。通过开展这些教师专业发展活动，高校能够激发教师对教学的热情，还能帮助他们建立对教师职业的自豪感和归属感，使他们以更加积极的态度投身于英语教育事业。

学校在加强对职前英语教师职业理念的引导的过程中，要关注一个关键问题，即如何引导教师在职业选择上做出明智的决策。个体在进行职业选择时，需要综合评估自身的知识储备、技能水平以及专业类型，严格遵循社会分工的基本原则，以满足个人在物质和精神层面的需求。在现实情况中，部分职前英语教师往往对市场上的职位要求缺乏准确的认识，导致他们在求职过程中难以找到与自己的期望相匹配的工作。学校在职业发展规划与就业指导课程的教学过程中，应当加强对学生的思想指导，帮助他们认识到教育工作的社会价值和职业使命，树立正确的就业观念。在日常的教学活动和教学管理工作中，学校应不断进行宣传和引导，鼓励学生将个人发展与社会需求相结合，引导他们做出更加理性和全面的职业选择。

二、改善高校英语教师职业的社会舆论环境

我国制定并颁布了《中华人民共和国教师法》等一系列法律法规，这些法律文件为高校英语教师的权益提供了坚实的法律保障，体现了国家对教育事业的高度重视和对教师职业的尊重。在当前的教育环境中，树立正确的政策导向尤为重要，我们应制定高校教师职业道德规范、课程标准、高校教师专业标准等行业规则，强化"以法治教"的理念，通过法律手段确保教育行业的规范运作。必须采取措施加强法律宣传和教育，完善相关法律的执行机制，保障高校英语教师的合法权益，真正实现依法治教的目标，为高校英语教师创造一个公平、正义的工作环境。

第三节　增强教师教学动机

一、提升高校英语教师的内在动机

内在动机指做某件事情的动力来自内在的兴趣和内心的愉悦。工作的业绩、满意度、信任和幸福感等内在动机能够对工作成果产生积极的影响。因此，在很大程度上，满足高校英语教师的要求，就是使他们的内在动机得到满足。改变高校英语教师工作的现状，就是要充分关注高校英语教师的内在动机。

（一）完善高校英语教师职业发展体系及政策

在为高校英语教师的教学工作提供保障时，有必要为高校英语教师提供担任"研究者"的机会，因为高校英语教师需要更加积极地获取新知，职业发展也需要提高技能。高校可以使用行动研究的方法，对高校英语教师进行系统的调查，从而探究提高英语教学和学习效果的方式方法，随后要将调查研究的结果公布，

高校英语教师之间可以针对这些调查研究结果进行讨论，在交流中加强自身的教学知识基础，并做出改善。作为研究者角色的高校英语教师，既可以研究他们自己的英语教学和评估方法，也可以考察学习的认知过程，或参与课程研究和发展的过程。反思性的实践鼓励高校英语教师运用个人历史、对话性期刊以及小组或大组讨论来反思并完善自己的教学实践活动。同行评议小组和同行指导能够鼓励高校英语教师挑战现有的理论和他们自己对教学的认识，为高校英语教师提供系统的分享专业技术和经验的渠道。

人们越来越倾向于跨职业建构知识体系，例如，高校可以通过加强研究和实践发展为学习型组织，这很可能提升由英语教学所激发的智力兴奋感，从而增强高校英语教师的内在动机，为高校英语教师职业的多样性和多元化提供更多机会。高校英语教师可以从多元化办学模式中受益，这不仅是因为多元化办学模式可以更好地满足学校的需求，还因为其为高校英语教师提供了更多的机会和认可，包括那些将主要精力用于教学的高校英语教师，这能够提高高校英语教师对自身能力和工作自主权需求的满意度，增强教师的工作内在动机。

高校英语教师需要更多类型的工作任务，这就需要学校在体制上建立更多类型的工作岗位，如新英语教师的指导教师和培训师、在职英语教师培训项目的协调人和学校项目的协调人等。这类岗位可以是有固定期限的，这样就能使更多的高校英语教师参与进来，积累经验。同时，这类多样化的挑战还能丰富高校英语教师的职业经验，增强高校英语教师的内在动机。

此外，为使高校英语教师实现能够反映他们发展技能、业绩和责任的职业发展，有必要建立以业绩和责任为基础的职业发展阶梯体系，这将强化高校英语教师对工作能力的正向感受。这些职业发展阶梯中的职位包括英语系主任、英语教学团队领导者、英语课程或人力资源开发主管，这种体系与目前大多数国家中现有的高校英语教师职业模式有很大不同，后者几乎可以在相当长的时间里为每个人提供稳定的、近似自动晋级的职业发展路径。

有一些政策则需要个体定制。例如，学校要建立一种前瞻性的保障体系，确保为高校英语老教师提供有吸引力的工作环境。如果高校英语老教师抱着不得不做的心态来继续教授英语，这对学校而言是十分不利的，其实，多数高校英语老教师还是希望为学校和英语教育事业做出贡献的。因此，防止教师职业倦怠和为学校留住重要教师的政策非常有益，其要素可能包括开展适合高校英语老教师需要的英语教师职业发展活动，减少老教师英语课堂教学时间和总体工作时间，使其发展新的工作技能，如英语课程开发、为其他学校提供咨询和指导新任高校英语教师等。

（二）将专业发展贯穿于高校英语教师职业发展全过程

在高校英语教师职业发展中，专业发展是激发教师职业热情的关键要素。在高校英语教师的职业生涯发展过程中，特别是在职业生涯的早期阶段，为其提供充分的支持尤为重要。

高校英语教师专业发展通常有三种基本策略：其一是以权利为基础的策略，这主要是集体谈判的结果，即需要为高校英语教师开展受认可的专业发展活动提供一定自由的时间或财力支持；其二是以激励为基础的策略，即将高校英语教师的专业发展与高校英语教师评估过程中识别出的需要相结合，并且认可高校英语教师参与专业发展是承担新角色的需求；其三是以学校为基础的策略，即将高校英语教师的个体发展与学校的整体改进相结合。有效的专业发展是持续进行的，学校应为教师提供英语教学培训、英语教学实践和反馈，以及提供充足的时间和后续支持。成功的高校英语教师专业发展项目要使高校英语教师参与学习活动，这类学习活动要与教师将用于教学的学习活动类似。成功的专业建设项目还要鼓励发展高校英语教师的学习共同体。

在教师的职业发展中促进其专业发展，还需要为高校英语教师提供校外工作的机会，鼓励高校英语教师在多所学校间流动，鼓励高校英语教师在教职和其他职业间流动，以此推动新思想和新方法的推广交流，提供高校英语教师更多积累多种事业发展经验的机会。

二、在高校英语教师中建立一种集体认同

在高校英语教师中建立一种集体认同，是实现高校英语教师价值观和规范内化的关键，因为它能够促进高校英语教师个体归属感的产生，这正是高校英语教师工作动机理论的基础。高校英语教师个体对教师集体的强烈认同能够促进高校英语教师个体产生与教师集体目标相一致的教学动机，并能反过来提升教师集体的教学成效。高校英语教师相互依赖、尊重和关心，以及认同，会对自我激励和教学成果产生积极影响。因此，应使学校承担更多高校英语教师人事管理的责任（教师遴选、工作条件和教师发展），这对塑造学校的组织特征至关重要。学校领导应主动寻找并录用那些能够满足学校特定需求的高校英语教师。在高校英语教师选拔的过程中，通过个体访谈和学校参观，学校与候选人之间可以开展更加直接的互动，这能提高申请者与学校需求之间的匹配度。

三、适度对高校英语教师实施外在奖励

（一）奖励更为多样化

奖励能够提升教师努力的程度和教学成效，在英语教学工作中也不例外。鉴于内在因素在对高校英语教师激励中的主导作用，可以在可能激发高校英语教师内在动机的领域使用奖励。

对高校英语教师的外在奖励，一般仅限于薪酬津贴和未来的退休金补助。除此之外，为了能从多方面认可高校英语教师的工作，还可以对奖励做多样化处理，如增加工时津贴、学术休假、研究生课程津贴，或为教师提供职业发展的机会，这些奖励为教师的职业发展创造了更多的可能性，有助于激发其内在动机。此外，高校英语教师的津贴通常是和教师的学历、所属的部门和资历相关的。将激励政策与高校英语教师在学校中承担的职责挂钩，能更清晰地体现学校对高校英语教师工作业绩的认可。

（二）将奖励与绩效挂钩

当高校英语教师个体感到自己受到外在控制时，外在奖励就会降低他们的内在动机。相反，如果给予高校英语教师个体积极的反馈，他们的内在动机就不会降低，甚至还会提高。当英语教学的相关奖励具有偶然性时，风险就存在了，即内在动机将受到外在奖励的破坏。因此，实施与绩效相挂钩的奖励需要一个支持性的教学工作环境，同时，奖励要能为高校英语教师提供正向的反馈。虽然形成性评估的出发点是促进高校英语教师发展，但这类评估也可用于甄选和奖励那些表现出色的高校英语教师。

当然，要想加深评估和奖励之间的联系，还需要确保高校英语教师绩效评估的方法能够反映学校层面的发展目标，并考虑高校英语教师所在学校和课堂的具体情况。评估程序的设定要符合高校英语教师的职业特点。在特定环境下，在学校或年级层面的团体表彰和奖励比对个体高校英语教师的奖励更为有效。

（三）奖励机制要更加灵活

外部奖励通常对提升教师的外在工作动机更为有效。一些教育体系规定，教师必须在特定类型的学校工作一段时间之后才能获得晋升或择校的机会，还有一些教育体系则要求教师定期更换学校。控制教师择校权会影响教师的工作动机，因此，必须灵活地运用激励机制。例如，定期为在偏远地区工作的高校英语教师颁发特殊津贴和交通补助，提升高校英语教师的工作动机，并保障不同地区和类型的学校中高校英语教师质量的基本均衡。在实施奖励的过程中，还应采取非货币性的奖励策略，例如，对于那些有社会问题或特殊教育需要的学校，可以减少个体高校英语教师的教学时间或缩小班级规模。

（四）公平对待每一位高校英语教师

为了避免损害教师的工作动机，实施奖励时应公平地对待每一个人。保障公平的关键是正确处理个体间的差异程度。

为使高校英语教师获得更为公平的待遇，高校需要随时更新观念，建立多样的补偿机制，充分考虑高校英语教师的不同工作条件和他们承担的额外责任，如可以通过提供特殊补贴或相关补偿的方法保障高校英语教师待遇的公平。

如果高校英语教师的奖励与绩效评估是关联的，就需要确保高校英语教师认可这种做法的公平性，建立绩效奖励机制的重点包括建立公平、可靠的评估指标，保障评估标准的透明性，并为评估者提供必要的培训，此外，还需确保评估方法能充分考虑高校英语教师的具体工作条件。

第四节 实现教师自主发展

一、树立自主职业发展意识

教师需要主动规划自己的职业道路，不断提升个人能力。同时，教师还应充分认识到，职业发展是一个多维度的过程，其不仅与个人的抱负和学校的教育目标紧密相关，还受到社会需求、政策导向、技术发展等外在复杂因素的影响。

高校英语教师在规划其职业发展时，应采取科学、合理的方法。教师要将自己目前的职业发展状况和水平与处于相同职业发展阶段的优秀教师的职业发展状况进行比较，发掘优秀教师所具备的特质，从而为制订切实可行的职业发展规划奠定坚实的基础。教师应充分利用可能促进自身职业发展的机会，促进自身在教育事业上的成长和进步。在确定了自己职业发展的短期、中期及长期目标之后，教师应制订相应的行动方案，确保每一步骤都符合职业发展目标，有效推进职业发展进程。

二、进行个人知识管理

高校英语教师个人知识管理是其教师自我职业发展的一条具体途径。对英语教师这个专业所涉及的知识做一个盘点，会发现英语教师大致有如下九个方面的知识可以进行提取和管理：

第一，英语学科内容知识，即教师所教学科的基本概念、原理、框架和相关的学科进展。

第二，课程知识，即有关课程组织、设计、编制等方面的基本知识。

第三，英语学科教学法知识，即关于如何将这个学科的基本内容通过一定的方式加以组织并传授给学生的知识。

第四，有关学生及学生特性的知识，即教师所教年龄段的学生的一般身心发展状况以及每个学生自身的人格特征、学习风格等方面的知识。

第五，教育目标与价值及其哲学与历史渊源的知识，即教师对自己为何而教、从何而来、施教背后的依据是什么等方面的知识。

第六，教育环境脉络的知识，即教师所处的时代、学校、班级等方面的知识以及关于班级内部的小环境的知识。

第七，教师以隐性的控制方式对学生进行管理的技能与知识。有不少优秀的教师对班级和学生的管理很有方法，能巧妙地在工作中用自己独特的管理技能与方法使学生不知不觉地按照教师的要求去调节自身的行为，以达到教书育人的目的。

第八，教学机制方面的技能与知识。课堂是教师履行其教学职责的场所，也是其展示专业技能、传授知识与智慧的主阵地。优秀的教师在课堂上能够根据学生的实际反应和学习需求适时调整教学策略，综合运用讲授、讨论、演示、互动等多种教学方法和手段，以达到最佳的教学效果。教师在教学机制方面的技能与知识往往不是从教科书中直接获得的，而是通过长期的教学实践、反思和经验总结中逐渐积累的。

第九，教师个人的科研方法与治学策略。教师个人的科研方法与治学策略属于教师职业的隐性知识，在学校，具有一定的教育科研能力与治学策略是做一名好教师的重要条件。

个人知识管理在学术界还没有统一的定义，其对于高校英语教师而言是一种提升个人专业素养和工作效率的工具。个人知识管理不是对物质资源的管理，而是深度挖掘和提升个人的能力，强调从个体内部发掘潜力和资源，以实现个人的全面发展和提升。个人知识管理是一个系统的过程，分为知识的获取、整理、储存、利用与分享等主要阶段。高校英语教师可以采取以下策略进行个人知识管理：

（一）建立个人知识库

高校英语教师要对显性知识进行整理与组织，对零散、不连贯的显性知识进行系统化整合，形成新的知识，并将这些知识通过各种教学手段传授给学生。高校英语教师应采用现代化的管理手段对知识进行清点、评估、规划、整合和创新，通过运用数据库技术，教师能够有效地管理大量的教学资源，确保在教学过程中迅速而准确地检索到所需的知识内容。

为了有效地构建个人知识库，高校英语教师需致力于知识的搜集、分类与整合，定期进行自我反思，深入分析自身的知识结构，识别其中的不足之处。在明确知识需求后，教师应积极地从各种渠道搜集相关资料，并利用先进的计算机软件工具构建和维护个人知识库，确保知识的系统化和可检索性。教师应制订并遵循个人学习计划，定期阅读最新的教育理论和研究成果，参与专题研究以及学术会议和讲座，从而不断丰富和更新自己的理论知识。

（二）开展行动研究

开展行动研究对于高校英语教师而言，是一种自我反思和自我提升的重要手段。通过这一过程，教师能够深入了解教育理论与教育实践之间的联系，并在此基础上对自身的教学进行必要的调整。行动研究鼓励教师在实践中不断尝试新的教学方法，收集反馈，分析结果，并据此完善和更新自己的知识体系。这种持续的自我审视和知识更新有助于教师更好地理解教育理论的实际应用，促进教师知识的活化，使教师能够更加灵活地应对教学中的各种挑战。

（三）最大化知识价值

知识的活力与生命力在很大程度上取决于其在实践中的应用，以及在学术界和社会中的流动。对于高校英语教师而言，主动与其他教师分享教学经验与专业知识不仅是职业发展的需要，也是推动教育进步的重要途径。通过这种积极的交流，教师能够学习到许多隐性知识，这些知识往往蕴含在教学实践和日常互动之中，不易被察觉，但对提升教学质量至关重要。在共同探讨和解决教学过程中遇到的难题时，高校英语教师专业知识的流通性与可接近性得到增强，"社交资本"被转化为"智慧资本"，这意味着知识的共享与交流达到了一个新的层次，有利于实现知识价值的最大化。

三、自觉反思

高校英语教师在日常的教学活动中经常会遇到各种各样的问题，由于每位教师的教学背景、经验和个性不同，他们对于在教学过程中遇到的各种问题的感知也存在显著差异。随着时间的推移，教师在长期的教学实践中逐渐积累了丰富的经验，并发展出一套个人应对教学中各种问题的例行做法。英语教学本身是一个较为复杂的过程。英语教师不仅要感知教学情境，而且要反思自身的内部认知过程，只有这样才能完成教学计划、实践自己的教学活动、评述和分析自己的教学行为，并通过思考和探究周围看似平常的教学现象，对自己的教育实践进行反省，形成更符合自己教学特色的教学法体系。

高校英语教师要实现职业发展的目标，就要在日常的教学实践中培养反思的习惯，教师需要关注自己的教学活动，审视自己所采取的教学策略、做出的决策以及这些决策所带来的具体成效。通过这种自我审视，教师能够更加清晰地认识到自身的优势和不足，从而有针对性地对教学进行改进。反思型教学是一种将理论与实践相结合的教学方法，它要求教师在教学过程中将关注点放在学生的学习过程和行为变化上，通过反思来整合教学思想和教学行为，从而促进学生和教师自身的双重成长。在反思型教学中，教师应与学生进行有效的沟通与合作，在教与学的互动中使学生更好地理解教学内容，同时教师通过审视自己的教学理念和实际教学活动，能够及时发现教学过程中的问题，不断完善教学的方式方法。此外，教师还应与其他教师建立合作关系，通过定期的集体研讨、教学观摩和经验分享会，教师之间可以共同探讨教学实践中遇到的挑战和问题。这种合作有助于教师相互学习，共同进步。教师应致力于重构教材内容和教学流程，使之更加贴合学生的学习需求和认知发展水平，促进自身认识的修正与发展，从而提高教学质量。高校英语教师要在探究教学活动的目的和方法时获得对自己教学过程的深刻理解，教师应以自我实践中的"问题"作为反思的起点，通过自我反思识别并改进教学中的不足之处，同时巩固和强化有效的教学策略。通过这样的反思和自我提升，教师能够不断完善课堂教学，提升教育质量。养成课后及时记录教学进行情况的习惯，课堂教学录音，观察记录其他教师的课堂教学，都是教师收集有利于教学反思和研究的资料的方法，教师可以根据收集的资料进行自评、反省，改进教学。

（一）反思教学日志中的问题

英语教师可利用每周定期进行的教学日志记录活动对自己的教学实践和日常生活中的事件进行记录，这种自我反思的方式有助于教师更好地了解自身的教学风格和行为模式，让教师看到自己在专业领域内的发展历程和取得的进步。教学日志中应包含以下一系列反思性问题：

1. 教学指向的问题

计划教授什么内容；使用的教具和教材（教学材料）是什么；教学材料使用的有效程度如何；使用什么教学技巧；课堂是教师主导吗；课堂上出现什么类型的师生互动；课堂上发生可笑或异常的事情了吗；感觉这节课有问题吗；有与往常不同的教学行为吗；做了哪些教学决策；是否按照教案上课；本节课的哪一部分是最成功的，哪一部分是失败的；如果再教这节课的话，会做出改变吗；课堂反映了教学观吗；发现教学有新的变化吗；认为教学应该做哪些改变等。

2. 学生指向的问题

学生积极参与这节课了吗；学生对他们不同的需要持什么看法；这节课对学生来讲有挑战性吗；学生从这节课中确实学到了什么；对于这节课学生最喜欢什么；学生对什么反应欠佳等。

3. 英语教师自身指向的问题

教师处于职业发展的什么阶段；作为英语教师发展的情况如何；作为英语教师的优势是什么；目前在哪些方面比较有限；在教学中有自相矛盾之处吗；怎样改进英语教学；是怎样帮助学生的；英语教学给自己带来哪些满足；在本周内，感到最焦虑和沮丧的事情是什么；在本周内，最惊奇的事件和最自豪的教学活动是什么等。

（二）反思教学过程中的行为

"反思型教师"要懂得教学技艺和艺术，这是高校英语教师在与学生互动过程之中或之后所要认真思索的问题。教学技艺的内涵是多维度的，包括教师教学的基本知识，以及教授具体学科所需的专业知识和教学方法。教学艺术则是一种教学实践，要求教师在与学生的互动中运用自身的知识和技能，融入个人的经验和智慧，根据学生的反应和学习环境的变化，灵活调整教学方法和内容，以达到最佳的教学效果。反思型教学要求教师在教学过程中或教学活动结束后，对自己的教学决策进行思考和评价，通过反思，不断优化自己的教学实践，提高教学效果，促进自身的专业成长。英语反思型教学涉及将学科知识与教学实践相结合的复杂过程，这一过程通常体现在五个相互作用的方面。

1. 教师具有英语语言的能力

教师具有所教语言的听读说写能力；掌握关于语言、语言使用、文化以及它们之间内在联系的知识；掌握关于如何学习和习得英语的知识。

2. 教师懂得如何教目的语

掌握关于教授任何的学科理论与实践基础的知识；掌握关于在学校中，语言教学与学习的理论和实践基础的知识。

3. 对学科与教学知识的实际应用

教师要策划如何以整合的方式来教授关于语言、语言使用以及文化的内容；开发对语言、语言使用、文化以及它们之间内在联系，各方面进行教学的选择；通过同伴互教、教师辅导、微格教学和教学实习等形式实践对语言知识、语言使用与文化的整合教学。

4. 理解教学艺术与技艺

教师要观察他人在同学互教、教师辅导、微格教学和教学实习情境下的教学行为；在一个试验与错误被视为正常、鼓励和期待冒险的环境中讨论观课的结果；对关于语言、文化、普通教学和语言教学的理论假设与现实情形之间的关系展开讨论；对教师的个人价值观和假设与他们的教学假设之间的关系展开讨论；对某一学校的文化氛围与教授个别学生和团体之间的关系展开讨论；在考试和讨论之后，对课程进行再计划、再教授和再评价。

5. 教学评价

教师要对某个学校、个别学生和团体所采用教学策略假设的适切性进行考查；了解并掌握评价学生在语言学习和使用上进步的评价工具；了解并掌握考查教学效果的几种方法；了解并会使用在某一学校环境中考查其教学效果的方法。

以上是英语教师在教学反思过程中的五个因素，它们为英语教师提供了在现实教学情形下对师生关系、个人价值、自我能力、成败得失等方面进行思考的机会和空间，同时为英语教师成长为专家型教师指出了职业发展的方向。

教师在教学过程中扮演着指导者的角色，因此要想让学生学会学习和自我反思，教师就必须以身作则，不断充实自己，定期对自己的教学实践进行反思，同时保持开放的心态，认真听取来自同事和学生的反馈意见。教师应重视与其他教师的合作，通过集体备课、教学研讨等形式积极分享自己的教学心得，同时虚心接受他人的建议，以实现教学方法的创新和教学实践的改进。通过这种合作与学习，教师能够逐步提升自身的教学能力，不断提升教学的深度和广度，从而在教学领域达到专业成熟。

四、校本研修

校本研修活动能在促进高校英语教师实现自主成长的过程中发挥重要作用，其能为教师提供一个平等交流的平台，让每位教师都有机会分享自己的见解和经验。校本研修的实施，使得教师能够通过相互学习和合作逐步培养一种自我驱动的专业成长方式。校本研修将理论与实践相结合，许多学校的一线教师通过行动研究证明了这种活动能够有效促进教师的自我发展。通过校本研修，教师能够提升自身的教学技能和专业知识水平，还能够增强自我反思能力，从而实现个人的专业成长和教学水平的提升。在校本研修活动中，教师应做到以下几点：

（一）在校本研修活动中积极自主选择

高校英语教师在参与校本研修活动时享有"自主选择"的权利，即能够在学习内容、活动流程及成长目标等方面进行自主选择。在一般的教育活动中，教师只具有一部分或完全不具有这种权利，因此，校本研修活动深受一线教师的喜爱。教师在校本研修活动中应积极进行自我反思和专业探索，选择并确定与自身教学实践紧密相关、能够有效促进个人专业成长和提升教学质量的研修主题。

（二）在校本研修活动中积极自主反思

反思是一种对过去所经历的事件进行回顾与思考的过程，其目的在于让人总结经验教训，以便在未来的工作和生活中更好地应对类似情况的发生。反思是一种主动的学习方式，是一种个人成长和知识积累的重要途径。高校英语教师要运用科学的方法审视和分析自身的教学实践经历，有意识地调整和改进自己的教学行为及教学倾向。

发现自身问题的过程就属于自主反思过程，在参与研修活动时，教师要在理论学习和实践操作中不断进行自我审视，对自己的思想、观念、言论以及行为进行深入的反思。在研修活动结束后，教师要总结在研修过程中积累的经验，提炼出有价值的研修成果，同时发掘在教学实践中遇到的新问题，并积极探索解决这些问题的有效策略。

（三）在校本研修活动中积极自主建构

校本研修是一种专门为教师设计的学习活动，强调发挥教师个人在专业成长中的主动性和创造性，旨在让教师通过持续的自我反思与实践有效地整合和应用新的教育理念与方法，实现个体经验体系的自主构建与创新性发展。教师经验体系的更新分为"自主的"与"他主的"两种不同的方式，其他形式的教师教育活动的目标虽然也是更新教师的经验体系，但在这些活动中，教师经验体系的更新是被动进行的。一般的教师培训活动普遍采取"他主"型的经验体系建构模式，即由外部专家或培训机构主导，教师作为接受者参与其中。然而，校本研修作为一种创新的教师专业发展方式，能够充分发挥教师的自主性。在校本研修中，教师不再是被动的参与者，而是主动的探索者和实践者，他们能够根据自身的教学现状、工作需求以及个人职业发展目标，有针对性地选择研修内容和方法。

五、科学整合教材

教学结构包括教师、学生与教材，教材是其中至关重要的组成部分，其不仅是知识的载体，还是教学活动得以顺利进行的基础。教师在运用教材时，不应受限于教材内容，高校英语教师应主动理解英语教材，成为教材的主导者，根据教学目标和学生的实际情况选择和调整教材内容。教师不仅是教材的使用者，还是教材的开发者，教师要不断地对教材进行创新和改进，以适应不断变化的教学需求和教育目标。

第一，高校英语教师需要在理念上进行革新，认识到教材并非一成不变的教条，而是一种可以灵活运用的工具。教师应当具备批判性思维，能够识别教材中的优缺点，并在此基础上进行创新性的教学设计，将教材视为服务于教学活动的资源与手段。教师可以根据学生的兴趣和学习情况选择性地使用教材，并设计一些补充活动，以增强学生的学习体验。高校英语教材的话题选择要贴近学生的生活实际，这有助于学生将所学知识与现实生活联系起来，从而增强学习的实用性和趣味性。

第二，高校英语教师在开展教学活动之前，必须对所使用的教材进行分析和理解，同时了解学生的学习需求和英语学习水平。当前，高校英语新教材包含的信息量较大，这种信息量的增加无疑为教师的教学工作带来了新的挑战，如果教师未能对教材进行充分的分析，那么他们在教学过程中就可能无从下手，难以有效地组织和实施教学活动。教师应当从培养学生综合运用英语的能力这一目标出发，结合大部分学生的生活经验、成长经历以及他们的英语知识水平，对教材所提供的内容进行适应性分析。通过这样的分析，教师可以判断哪些教材内容是适合学生的，哪些内容需要进行调整或取舍，以确保教学活动能够顺利进行，有效地促进学生英语能力的提升。

第三，高校英语教师要根据学生的具体情况灵活运用教材，使之成为促进学生学习的有效工具。由于教材往往具有一定的普遍性，难以完全贴合每一个学生的特定情况，因此高校英语教师必须分析学生的个体差异，了解学生的学习需求、水平、风格以及个人偏好等，同时考虑教学条件的限制，发挥自身的专业判断力，对教材内容进行删减、补充、替换等，以确保教学内容、结构、顺序、活动及方法与学生的学习需求相匹配。如果教材中的某些内容对学生来说过于简单或过于复杂，教师就需要寻找其他材料来补充或替换这些内容，以确保教学内容既具有挑战性，又在学生的理解范围之内。此外，教师在调整教材时，还应考虑如何将教学方法与学生的个人学习风格相结合。有的学生可能更适合通过视觉材料学习，而有的学生则可能更倾向于通过听觉或互动活动来吸收知识。因此，教师在教学过程中，需要灵活运用多种教学方法，以满足不同学生的学习需求。

第四，高校英语教师还应根据需要对教材进行适当的补充，并开发可利用的资源，扩大学生的知识面。教师可以利用多媒体和网络资源，丰富教学内容，增强学生的学习兴趣。例如，教师可以通过播放英文电影片段、引入英文歌曲或使用在线互动平台，使学生在轻松愉快的氛围中提高英语水平。同时，教师可以设计一些跨学科的项目，将英语知识与其他学科知识相结合，培养学生的综合应用能力。

六、与同行共同进步

（一）开放课堂教学

高校英语教师在课堂教学活动中往往注重传授知识和引导学生，这使得他们难以观察到教室里发生的所有事件，有时不能对学生提出的问题做出反馈。教师可以采取与学生进行教学互评的方式获取关于教学效果的即时反馈，这不仅有助于教师了解学生的学习效果，还能促进教师对教学方法进行及时调整。一些教师由于缺乏自我批判的意识，往往难以对自己的教学行为进行反思，因此，教师应当积极与其他教师进行专业上的沟通和交流，借鉴他人的成功做法，从而提升自身的教学水平。

高校英语教师之间应当达成平等的听课协议，这种听课教研活动可以是校内同事之间的，也可以是跨校的，通过这种形式，教师可以相互学习、交流教学方法和经验，从而提升整体教学质量。在实施这种平等听课活动的过程中，教师可以共同商讨并确定听课的具体时间、频率以及评价标准，确保听课活动有序进行。在听课的过程中，教师应详细记录授课教师所采用的教学策略，包括教学方法、互动方式以及课堂管理技巧等。同时，教师应关注授课教师在执行教学计划时出现的偏差以及在面对突发情况时所采取的措施。通过这些观察与记录，教师可以从一个客观的视角，深入分析授课教师的行为内容、行为动机以及行为效果，从而获得对教学实践更深层次的理解。在听课结束后，听课教师与授课教师应安排时间进行交流，共同探讨和反思自身的教学过程。这种基于同事听课反馈的交流与合作，有助于形成一个积极向上的教学环境，能推动教师团队整体水平的提升。

开放的课堂教学模式是一种创新的教育实践，能够让教师跳出个人的思维定式，发现教学过程中一直被教师忽略的问题，从而提升教师的自我反思能力，促进教师加强对教学过程的监测。此外，开放的课堂教学模式还有利于教师之间建立一种基于协作与支持的新型关系，在这样的教学环境中，教师能够得到同事的帮助，从而在不断的交流与合作中实现个人的专业成长和教学水平的提升。

（二）合作学习

教师之间的合作学习能够促进团队精神的培养，有助于形成一个积极向上的教学环境，进而激发教师持续追求专业的动力。通过这种专业发展方式，教师之间能够相互交流教学心得，在讨论与合作中对自身的教学实践进行反思与改进，从而形成更加成熟和有效的教学方法，提升教学质量。

高校英语教师之间开展合作学习可以采用传统的校本学科教研活动，以及备课组活动形式，教师要根据自身的教学需求和专业发展需要来确定合作学习的内容，教师之间可以相互借鉴教学方法，促进相互学习和经验交流。在合作学习的过程中，教师可以开展说课活动，针对某一课程阐述预设的教学模式，说明教学的目标与教学方式。说课活动的开展对于教师的专业成长和教学质量的提升具有重要影响。为了促进教师之间的交流与合作，可以在整个教研组开展说课活动，通过不同说课内容的交叉开展，教师能够从多角度审视和思考教学问题，这种跨小组的说课活动也对教师提出了更高的自我发展要求，促使他们不断反思自身的教学实践，以适应更加多元和开放的教育环境。高校英语教师承担着培养学生英语综合应用能力的重要职责，教师在师生合作学习的环境中应将英语作为教学和交流的主要语言，这样能够为学生提供一个真实的英语口语实践环境，使学生在实际交流中提升英语听说技能。教师在推动合作学习的过程中，应引导学生克服使用英语时的障碍，如害羞、恐惧等心理问题。教师可以通过设计有趣的教学活动、提供积极的反馈和鼓励，以及创造包容和支持的学习氛围等措施激发学生使用英语的积极性。

七、成为研究者

高校英语教师职业发展的关键在于教师角色的转变，教师要实现个人价值，就要成为教学的研究者，这里的研究指的不是专家和学者进行的研究，而是针对教育教学的研究，也可以说是教师对自身教学实践活动的研究。高校英语教师开展教育教学研究的目的是对自身的教学实践活动进行反思，从对自身的研究结果中提炼出有效的教学策略和管理策略，从而以更加高效的方式开展教育教学活动，减少无效的重复性工作，提高教学效率。这种研究的特殊性在于，其与教育教学活动是相互交织的，呈现出"在教育中研究，在研究中教育"的特点。通过这种研究，教师能够更加精准地把握教学内容和方法，使教学活动更加生动、有趣，进而激发学生的学习兴趣，有助于形成一种积极的教育生态，使教师和学生能够共同成长，共同进步，共同实现教育的目标。高校英语教师的身份由教学者向研究者的转变，对于教师的专业成长和自我提升具有重要意义。研究活动与教学工作并不相互冲突，教师进行的研究活动并非无目的、无重点的，教师必须具备问题意识，能够发现那些具有研究价值、值得深入探讨的问题。

成为研究型教师的基础和关键在于确定研究的切入点，教师应将研究定位为反思型研究与行动研究。高校英语教师的研究工作应当聚焦于解决在实际教学过程中遇到的问题，而非局限于理论探讨。通过分析和解决实践中的具体问题，教师能够逐步构建符合实际教学需求的教学理论体系。在此过程中，教师应充分考虑个人的兴趣爱好、个性特长、职业需求以及个人追求等，选择"故事研究式"的表达方式，以生动、具体的方式呈现研究成果，而不是单纯追求理论的抽象升华。反思型研究与行动研究鼓励教师在日常教学活动中主动思考、观察和分析，从而深化对课程内容、教学方法和教育研究的理解。通过反思型研究与行动研究，教师能够更加深入地理解教学实践中的问题，并在实践中不断调整和优化教学策略，这种研究方法有助于提升教师的专业素养，能够促进教师成为具有反思能力的实践者。

高校英语教师肩负着传授语言知识与文化、培养学生跨文化交际能力的重要使命，为了更好地履行这一职责，教师应当积极投身于教育教学研究，通过深入探索与实践，不断提升自身的教学能力，进而提高教学质量，实现个人职业的发展与自我价值的实现。高校英语教师在教学过程中拥有丰富的研究机会与对象，他们可以针对学生的实际需求、教学内容的适应性、教学方法的有效性等方面展开研究。从事教学研究能够显著增强高校英语教师工作的专业性，使教师更加精准地把握教学规律、创新教学模式、提升教学效果。因此，现代高校英语教师应摆脱研究对象的身份，转变为自我研究的主体。只有当教师主动承担起教学研究的责任，才能真正地识别出教学过程中的不足之处和潜在的问题。高校英语教师成为自我研究者，不仅有助于提升个人职业素养，对于推动教育改革、优化教学环境、提升学生学习成效也具有重要意义。因此，鼓励并支持教师进行自我研究应当被纳入高校教育改革和发展策略之中。

八、正确处理教学与科研的关系

在实际教学中，教师需要不断地反思和评估自己的教学实践活动，以确保教学内容与学生的需求相匹配，教师还应积极参与专业发展活动，保持与教育前沿的紧密联系，不断吸收新的教育理念和教学策略，从而不断提升教学效果。这一点在高校英语教师身上体现得尤为明显，英语教师应该认识到英语教育与英语文化教学的密切关系，要不断深化对英语文化的学习与研究，了解如何通过有效的教学手段让学生了解英语语言文化，理解一些英语知识背后的发展和历史相关性，是高校英语教师需要积极探索的。

第五节　建设数智化教学环境

"赋能"的含义为"向特定个体或集体赋予某种能力或力量",其核心在于"赋予他人能力"。自2016年起,"赋能"一词在互联网技术领域以及企业管理领域频繁出现,关于这一主题的研究的数量也明显增多。这一现象反映了社会对于个体与集体能力提升的普遍关注,也体现了在快速变化的经济与技术环境中,人们对于创新和变革的迫切需求。在过去的几年中,随着互联网、大数据和人工智能等现代信息技术的迅猛发展,"技术赋能"逐渐成为教育领域研究者的研究重点。现代信息技术的融入,为教育领域带来了新的发展机遇和挑战,促使研究者深入探讨如何利用这些技术来提升教育质量,实现教育公平,以及如何培养适应未来社会发展的新型人才。"技术赋能"意为"通过信息技术形成一种新的方法或手段,推动教学方式、学习方式、教学组织形式等的改革"[①]。对教师而言,"技术赋能"同样蕴含着丰富的力量,能够为教师的发展带来新的支持。

一、融合数智化技术

(一)数智化背景下的相关技术

"技术"源于希腊文"techne",包含艺术、工艺或技能等意思,古希腊人用它来表示一种特定的活动或一类知识。技术是人类为满足自身的需要,在实践活动中根据实践经验或科学原理所创造或发明的各种手段和方式方法的综合。在日

---

① 万昆,任友群.技术赋能:教育信息化2.0时代基础教育信息化转型发展方向[J].电化教育研究,2020,41(6):98-104.

常生活中，人们常说的技术往往是指解决问题的方法及原理，常用来表示人们利用现有事物形成新事物，或是改变现有事物功能、性能的方法。布莱恩·阿瑟在探讨技术本质的时候，提出"技术是实现人的目的的一种手段，技术是实践和元器件的集成，技术是在某种文化中得以应用的装置和工程实践的集合"[1]。由此可见，人们对技术概念的理解是复杂多面的。各种抽象的技能技巧、方式方法、手段等都属于技术，某种具象的工具也属于技术的范畴。

当前持续发展并在教育领域日益渗透的互联网、大数据和人工智能等现代信息技术，能为促进教育变革、促进人类教育发展做出巨大贡献。本书所谈及的技术主要是当前较为广泛地应用于教育领域的新兴技术，如互联网、大数据、人工智能、5G 等技术。

1. 互联网技术

互联网技术的发展和构建依赖于计算机技术，当前，互联网技术在人类生活的各个领域中都发挥着重要作用，已经成为现代社会不可或缺的一部分。从日常的沟通交流到商业交易，从教育学习到娱乐休闲，互联网技术的应用已经深刻地改变了人们的生活方式，例如传统的线下购物方式已经逐渐被线上网络购物所取代，消费者可以足不出户，通过互联网技术浏览和购买全球范围内的商品。同样，教学模式也正在逐步转向线上教学或线上线下相结合的教学模式，在教育信息化的进程中，互联网技术扮演了至关重要的角色，它是支持教育信息化发展的基础技术，没有互联网技术的支持，网络资源的获取、网络环境的构建以及网络平台的搭建都将无从谈起。互联网技术为教师提供了丰富的教学工具和手段，使得教学过程更加生动、互动和高效。通过互联网技术，教师可以利用多媒体资源丰富课堂内容，通过在线平台与学生进行实时互动，甚至可以利用大数据技术分析学生的学习情况，从而实现个性化教学。

---

[1] 布莱恩·阿瑟.技术的本质[M].曹东溟，王健，译.杭州：浙江人民出版社，2018.

2. 大数据技术

大数据技术是现代教育领域中一项至关重要的基础技术，大数据技术的应用，为自适应学习和个性化教育的实现提供了坚实的技术基础。在这一技术的辅助下，教育者能够深入挖掘和分析教育数据，了解学习者的学习特征和需求，从而全面掌握学情，设计更具有针对性的教学内容，确保教学内容和方法与学习者的实际需求和能力相匹配，进而提升教学效果和学习效率。通过大数据分析，教育决策者可以更加客观地评估教育项目的成效，优化资源配置，提高教育系统的整体效能。

3. 人工智能技术

在学术界，人工智能通常被理解为一种通过机器来模拟人类智能的技术。人工智能技术在教育领域的应用为教育的个性化和智能化发展提供了新的可能性。人工智能技术致力于优化知识传递的过程，通过智能化的手段提高教学效率和质量，通过分析学生的学习行为和成果，人工智能技术能够为教师提供精准的评估结果和反馈。此外，人工智能还能根据学生的学习需求和偏好，提供个性化的学习资源，从而实现教育资源的优化配置。

4.5G 移动通信技术

5G 移动通信技术相较于前一代移动通信技术，带宽更宽、速率更高、安全性更高、时延更低，其优势在于可以促进空间互联、同步授课、远程控制和云计算。

除了上述技术，还有云计算技术、区块链技术……我们需要关注的不仅是技术本身，更重要的是探索发现这些技术的应用特征，结合教师职业发展的需要，将这些技术真正有效地应用于教师职业发展中，从而促进教师的职业发展。

（二）数智化技术对高校英语教师职业发展的支持

为了确保科学合理地将数智化技术应用于高校英语教师的职业发展过程中，

我们需要对数智化技术进行全面的分析，了解其在教育领域的实际应用情况，以及它们如何有效地提升教师的教学质量和专业能力。在当今时代，互联网、大数据以及人工智能等现代信息技术迅猛发展，在教育领域中扮演着越来越重要的角色。这些技术的应用为教育和教学的创新与变革注入了新的活力，为高校英语教师的职业发展提供了更为有力的支持和帮助。现代信息技术能够丰富高校英语教师职业发展的内容，拓宽高校英语教师职业发展的途径，打破时间和空间的限制，为教师提供灵活多样的学习和进修机会。此外，现代信息技术能够改善高校英语教师职业发展的环境，使得教学和科研环境更加智能化和信息化。

1. 拓展高校英语教师职业发展的空间

现代信息技术的应用有助于拓展高校英语教师职业发展的空间。英语教学的难点之一就是让学生了解英语语言文化和英语语言思维，在现代信息技术支持下，英语教师从课堂走向网络、从讲台走向屏幕，英语教师所处的教育环境除了实体世界以外，还有网络世界、虚拟世界相应形成的网络教育环境、虚拟环境、虚实融合环境。英语教师通过开放的网络环境可以接触更为丰富和现代化的知识和教育手段，有助于英语教师进一步学习和展示多元文化知识。在现代信息技术的推动下，教师职业发展的环境变得更加开放和多元化。随着互联网技术的迅猛发展，教师可以通过在线课程、虚拟课堂和各种教育平台与全球各地的教师进行交流和合作，这种跨地域、跨文化的交流不仅能够丰富教师的教学资源，还能拓宽他们的视野，使他们能更好地适应全球化教育的需求。同时，大数据和人工智能技术的应用，使得教师能够了解学生的学习需求和进度，从而制订个性化的教学方案，进一步加强教学效果。教师可以通过网络平台进行异步教学，将教学内容上传至云端，供学生在任何时间、任何地点进行学习。网络直播的普及使得教师能够实时地与学生互动，进行远程授课，这种互动性极大地丰富了教学体验，也使得教师能够面对更广泛的教育对象，从而拓宽他们的职业发展空间。随着互联网、人工智能等现代信息技术的快速发展，教育环境正经历着前所未有的变革。这些先进的技术手段为教育提供了新的工具和平台，而且深刻地改变了学习的方式和体验。教育环境从单一的线下实体空间拓展到了线上虚拟空间，教师和学生可以跨越时空界限，随时随地进行互动和学习。此外，教育不再局限于传统的课堂讲授，教师能够通过网络平台、虚拟现实技术等开展多元化的教学，学生可以通过在线课程、远程实验室、虚拟校园等途径获得个性化的学习体验。

2. 推进英语教师个性化学习

在互联网等技术的支持下，英语教师可以获得更丰富、更优质的教学资源，并且知识获取的方式越来越便捷。高校英语教师的职业发展离不开一个开放、包容的文化环境。高校英语教师可以通过一些现代化交流平台广泛学习，并和世界各地的专业人员进行交流。在校园环境中，中文是教师最常使用的语言，因此，英语教师除了彼此之间可以用英文进行交流，其他情况下依然是母语交流，长此以往，高校英语教师的英语使用和解读能力也会有所退步。数智化技术的发展可以有效解决这个问题，帮助教师搭建更加适合英语语言学习的环境，教师能够轻松获取各类信息资源，与学生、家长以及其他教师进行互动，从而实现跨地域、跨文化的教育交流。现代信息技术的支持使得教师能够随时随地进行移动泛在学习，英语教师在任何有学习需求的时刻都可以利用智能手机、平板电脑、笔记本电脑等各类终端设备，根据个人的学习节奏和偏好，选择合适的学习内容和方式。这种学习方式的灵活性能够提高教师的工作效率，增强他们的职业适应性和个人发展能力。

3. 为教师教学提供智能辅助

智能技术的发展为高校英语教师进行精准化的、高质量高效率的教育教学提供了技术可能。

随着科技的不断进步，智能技术在辅助教学答疑方面发挥着越来越重要的作用，为实现全天候、个性化的学习指导提供了有力的技术支持。教师可以借助智能代理或智能助理等工具给予学习者及时的反馈，提升教学互动的效率和质量，使得教学过程更加具有针对性。此外，智能技术还可以根据学生的学习进度和理解能力为其提供个性化的学习建议和资源，从而帮助学生更好地掌握知识。智能技术还可以通过数据分析和学习行为追踪，帮助教师更好地了解学生的学习状况和需求。通过这些数据，教师可以调整教学策略，优化课程内容，从而实现更加有效的教学。总之，智能技术在教学答疑中的广泛应用，提高了英语教学的效率，使得教学过程更加智能化、个性化和高效化。

二、建立虚拟教研室

虚拟教研室的构建以由优秀教师组成的团队所开发的网络课程为基础，是一种基于信息化平台的新型教学组织形式，虚拟教研室的网络课程的设计和实施充分考虑了不同学习者的需求和特点，能够为其提供更加个性化的学习体验。在资源建设方面，教研室整合了各类多媒体教学工具和开放教育资源，为教师和学生提供了一个内容丰富、互动性强的学习环境。此外，虚拟教研室的建立对于新教学理念的传播具有重要意义，它不仅为教师提供了一个展示和交流创新教学法的平台，还通过网络课程的传播让更多教师和学生受益。这种合作模式有助于实现资源共享和优势互补，从而提高教师的整体素养和学科水平。

（一）高校英语虚拟教研室的优势

英语课程是高校普遍设置且课时分配较多的通识必修课程，英语课程的设置不仅是为了让学生掌握语法结构和词汇，还旨在通过语言学习，使学生深入理解不同文化背景下的交流方式和思维模式，从而提升学生的人文素养，培养他们的跨文化交际意识以及传播中国文化的能力。在当今社会，教育正以前所未有的速度发展，同时，时代的不断进步对教育提出了更高的要求。虚拟教研室的建立有助于解决传统高校英语教研室存在的问题，推动高校英语教育的创新发展。高校英语课程的教师团队应积极利用信息技术，创建多元化的教学环境，为社会培养具有国际化视野的应用型人才。

1. 跨越时空障碍，实现共建共享

通过建立虚拟教研室，教师能够跨越时空障碍，实现共建共享。作为虚拟教研室的核心成员，教师可以参与教研活动、分享教学经验和资源，并进行合作研究和创新实践。合作单位可涵盖其他高校、研究机构、教育机构或企业。借助云端协作工具，如腾讯会议、微信群等，教师可进行音视频通话、屏幕共享、文件传输等，方便跨越时间和空间的云端合作和交流，不断拓宽教研活动的范围。

2. 推进学科融合，提高教师素养

大学英语课程是一门重要的语言学科，其不仅具备工具性，还承载着人文教育的使命，通过与特定学科内容的融合教学，学生不仅能够学习英语知识，还能够了解其他学科的基本理论和专业术语。这种跨学科的教学方法使得学生在掌握听、说、读、写等语言技能的同时，也能够习得相关学科的知识，为其在专业领域的学习和未来的职业生涯打下坚实的基础。为了进一步加强不同学科间的交流与合作，虚拟教研室应运而生，成为一个重要的学术交流平台。在这个平台上，通过分享各自学科领域的知识和经验，各学科的教师能够共同探索学科间的交叉点和共同问题，从而推动学科间的融合与创新。

3. 深化产教融合，促进校企合作

虚拟教研室在高校与企业之间架起了一座桥梁，在促进校企合作与产教融合方面发挥着重要作用。在虚拟教研室的支持下，高校教师和企业专家能够更加便捷地进行交流与合作，高校与企业能够合作开展各种形式的实践项目，为教师提供宝贵的接触真实工作环境的机会，使他们能够通过亲身参与和观察获得丰富的实际案例和经验，从而进一步优化和丰富自身的教学内容与方法。虚拟教研室的建立使得教育与产业之间的互动更加紧密，为培养具有实际工作能力的高素质人才提供了有力支持。此外，高校与企业的合作对于促进技术创新和产业升级具有积极作用，企业与高校的合作使得双方能够共同面对和解决实际问题，从而推动学术研究与实际应用的紧密结合，实现知识与技术的双向流动，加强和提升研究成果的实用性和转化率。

（二）高校英语虚拟教研室建设路径

1. 课程共建

在坚持"精准教学，分层分类"的发展理念的基础上，我们应当探索将高校英语课程与相关专业及用人单位的实际需求紧密结合的路径，从而设计出既符合教育规律又满足社会需求的课程内容，形成一套既符合民办本科院校应用型特点，又能满足社会和企业需求的英语课程体系。高校英语基础课程教学应采取多元化的教学方法，教师要不断优化教学内容，改进教学方法，提升学生的学习效率。教师要根据不同专业学生的特点建立完善的课程体系，重视学生的个体差异，通过分层分类的教学策略为不同水平的学生提供具有针对性的学习内容和方法。此外，教师还可以利用慕课平台打造优质线上课程，增强英语教学的互动性和趣味性。为了更好地满足不同专业学生的学习需求，高校应依托地域性企业的优势，并充分利用"双师型"教师队伍的专业知识与实践经验，设计并开设一系列专门用途英语课程，如汽车英语、计算机英语和旅游英语等。在课程设置上，教师要注重提高学生的语言技能和语言应用知识水平，着重培养学生的实际职业胜任力。此外，教师要重视学生人文素养的培养，鼓励学生深入了解不同的文化背景，增强跨文化意识，提升跨文化交际能力。

2. 资源共建

高校英语教学资源分为基础资源、教学资源和学习资源三个主要类别。基础资源是构建教学体系的基础，包括知识图谱、试题库、语料库等；教学资源是实现教学目标的核心工具，包括教学大纲、课程大纲、课件、教案和各类试题库；学习资源是支持学生自主学习的重要内容，包括线上视频、音频素材、试题库和教辅资料等。高校英语教学资源库的建设是一个多维度、多层次的过程，教师对教学资源库中教学内容的呈现应基于多样化的主题进行设计和规划，深入挖掘与整合教学素材与资源，确保教材内容的创新性和实用性。此外，在当前的教育实践中，教师对学生综合素质的培养提高了重视，思想政治教育逐渐融入英语教学过程中，高校应积极构建与完善思政教育资源库，深化学生对中华文化的理解，培养他们用英语讲好中国故事的能力。共建资源的构建依托于先进的数字化技术和云端存储平台，各高校可以根据自身的教学需求和学生的学习情况对这些资源进行个性化调整和优化，从而更好地适应不同学生的学习需求。此外，这种基于云端的资源共建共享模式也为未来资源的进一步细分和完善提供了便利，有助于教育者不断探索和创新教学方法，以适应不断变化的教育环境。

3. 团队共建

团队建设的实施形式包括课程依托、教材依托和项目依托等。教研室是教研工作的基本单位，在教师的职业发展过程中扮演着至关重要的角色。教研活动能够为教师提供与其他教师进行交流和合作的机会，有助于教师在教学和科研方面取得进步。可以尝试引入更多的创新教研活动，如跨学科研讨、教学观摩、案例分析等，以激发教师的兴趣和参与热情，从而推动教研活动的深入开展。此外，可以实施"以强带弱、以老带新"的培养机制，这种机制鼓励经验丰富的教师与年轻教师进行互动，通过分享经验、指导实践，促进年轻教师的专业成长。同类型高校教学团队之间的合作有助于提升教学质量和教师专业水平，促进教育研究的深入发展，来自不同高校的教学团队通过联合举办一系列关于同一课程的研讨、研修和培训活动，可以有效促进教学资源的共享与优化配置。在这些活动中，教学团队可针对教学内容和方法进行探讨，通过组织云端研究与观摩实现教学经验的交流与传播。这种教研活动方式有助于教师相互学习、取长补短，形成一种积极向上的学术氛围，促进教师队伍整体素质的提升。特别是对于青年教师而言，这样的活动为他们提供了宝贵的学习和成长机会，有助于他们更快地融入教学团队，提升自身的教学能力和专业素养。

第五章　高校英语教师职业发展创新探索

教育大计，教师为本。随着我国教育事业的发展、教学规模的扩大，英语教师的职业发展工作得到高度重视并取得了一定成效，这在一定程度上提高了英语教师的学历层次和教学能力，为我国英语教学改革做出了贡献。然而，随着英语教学改革的深入，英语教师也面临着新的挑战，社会发展需求也对英语教师职业发展提出了新的要求。本章为高校英语教师职业发展创新探索，主要从基于核心素养的英语教师职业发展、活动理论视域下的英语教师职业发展、建构主义视域下的英语教师职业发展、人工智能时代的英语教师职业发展四个方面展开介绍。

第一节　基于核心素养的英语教师职业发展

随着时代的发展和进步，国际合作增多，教育教学理念和方法面临着全新的挑战。教师的职业发展在提升教育质量方面扮演着至关重要的角色，英语教师的专业成长和核心素养的提升对于我国学科课程改革的成效具有决定性的影响。鉴于此，提升英语教师的核心素养，促进其职业发展，已成为教育领域亟待研究和解决的重要课题。

一、基于核心素养的英语教师职业发展内涵

核心素养是指个体在不同领域中所需具备的基本能力和品质，是个体全面发展的基础。对于英语教师而言，核心素养是他们教学水平和教学理念的重要体现，也是其职业发展的重要支撑。

英语教师的专业化成长是一个长期且循序渐进的过程，此过程呈现出鲜明的阶段性特点，从初入职场的生存阶段，到巩固阶段，直至提升发展阶段，教师的关注点逐渐从能否有效掌控课堂、获得学生的认可，转向提升教学技能与完善教学方法，再到提升教学效果与学生的学习效果。教师在专业成长的道路上，应当充分利用各种外部保障条件，不断丰富和更新自己的知识体系，提升教育教学能力。同时，教师应积极完善并提升自身的专业素养，通过不断学习和实践逐步提高自己的教学水平，实现个人可持续发展。英语教师应加强对专业化发展阶段性特征的认识，有针对性地逐步提升教学能力，深化对教学本质的理解。教育机构应为教师提供持续的专业发展机会，包括定期的培训和学术交流活动等，以满足教师在不同阶段的需求。政策制定者则应考虑制定相应的支持政策，确保教师能够获得必要的资源支持，从而促进教学质量的提升。

英语教师需要不断学习新知识，更新自己的知识结构，以适应英语教学的最新发展。教师应积极参与学术交流和研究活动，拓宽自己的学术视野，提升自己的专业素养。英语教师应注重教学方法的创新，采用多样化的教学手段和策略，激发学生的学习兴趣和积极性。教师应不断提升自己的教学技能，如课堂管理能力、语言表达能力等，以提高教学效果。英语教师应深入了解西方文化，提高自身的跨文化素养，以便在教学中更好地传播西方文化。教师应注重培养学生的跨文化交流能力，帮助学生了解不同文化背景和价值观。在信息技术日新月异的今天，英语教师应注重信息素养的提高，不断更新自己的信息技术知识和教学方法。教师应善于利用信息技术手段，如多媒体教学、网络教学等，提高英语教学的效果和效率。英语教师在教学过程中应注重自我反思，不断总结和归纳自己的教学经验，发现问题并解决问题。教师应积极参与职业发展活动，如参加国内外教学研讨会和国外教师交流学习等，以拓宽自己的教学视野和提高教学水平。

二、核心素养与英语教师职业发展的关系

核心素养深刻地揭示了个体在复杂多变的社会环境中，为了有效应对未来挑战、持续推动自我学习成长及实现个人潜能最大化，所必须掌握的关键能力、不可或缺的品格特质以及根深蒂固的价值观念。对于英语教师这一特定职业角色而言，核心素养的内涵远超单纯的语言知识与技能范畴，英语教师的核心素养是一个多维度、综合性的概念，涵盖了教学理念、教学方法、跨文化交际能力以及教育技术的融合应用等多个层面。

（一）核心素养对英语教师职业发展的重要性

1. 提升教学质量

英语教师的核心素养，诸如扎实的语言基础、丰富的教学经验和敏锐的观察能力等，构成了其专业能力的核心，对于提升教学质量起着重要的作用。这些素养不仅为英语教师提供了坚实的专业支撑，还使他们能够更深入地理解教学本质，

更精准地把握学生的学习需求,从而更有效地促进学生的英语学习。

首先,扎实的语言基础是英语教师核心素养的基石。教师要具备较强的英语听说读写能力,能够流利、准确地运用英语进行表达和交流。这种能力不仅体现在教师的课堂教学语言中,还贯穿于教学材料的选择、教学内容的组织以及教学方法的运用等各个环节。通过准确、地道的语言示范,教师能够帮助学生建立正确的语言感知,培养他们的语感,为他们后续的英语学习打下坚实的基础。

其次,丰富的教学经验是英语教师核心素养的重要组成部分,它使教师能够根据学生的实际情况和学习特点灵活运用各种教学策略和方法,设计出符合学生需求的教学方案。教师的教学经验积累于长期的教学实践,包括对不同类型学生的了解、对教学难点的把握、对教学效果的评估等。通过不断总结和反思,教师能够不断优化自己的教学流程,提高教学效率,从而提升学生的英语学习效果。

最后,敏锐的观察能力是英语教师核心素养中不可或缺的一环,它使教师能够及时发现学生在学习过程中遇到的问题和困难,以及他们在语言运用中的薄弱环节。通过观察学生的课堂表现、作业完成情况以及课后反馈等信息,教师能够更准确地把握学生的学习状态和学习需求,从而为他们提供有针对性的指导和帮助。这种细致入微的关怀和个性化的教学,能够极大地激发学生的学习动力和学习兴趣,促进他们的英语学习取得更好的成果。

2. 适应教育改革

随着教育理念的不断革新与深化,以及教育改革的稳步、深入推进,英语教师面临着前所未有的机遇与挑战,他们迫切需要提升并强化自身的核心素养,以便更好地适应日新月异的教学要求和复杂多变的教育环境。这一需求不仅体现在教师对专业知识的掌握上,还在于教师如何将这些知识以更加高效、创新的方式传授给学生,激发学生的学习兴趣,培养他们的综合语言运用能力。

具体而言,英语教师需要具备强烈的创新意识和敏锐的反思精神。创新意识意味着教师应勇于尝试新思路、新技术,如利用互联网资源、多媒体教学工具以及项目式学习等现代化教学手段来丰富课堂内容,增强教学的互动性和趣味性。同时,教师需具备将学科知识与现实生活紧密联系的能力,让学生在解决实际问题的过程中学习和运用英语,从而加深对语言的理解。

反思精神则是教师成长不可或缺的一环,它要求教师定期回顾自己的教学实践,分析教学效果,识别存在的问题与不足,并据此调整教学策略。通过撰写教学日志、参与同行评议、接受学生反馈等方式,教师可以获得多维度的信息,促进自我反思,不断优化教学设计,确保教学活动更加贴近学生的实际需求,有效提升英语教学的质量和效率。

3. 促进学生全面发展

英语教师的核心素养,深刻地影响着学生的全面发展与未来成长。一个拥有高尚师德、深厚语言素养、跨文化交际能力以及创新能力的英语教师,不仅是知识的传递者,更是学生心灵的塑造者、价值观的引导者和社会责任的培育者。

高尚师德是英语教师核心素养的核心所在,它体现在教师对学生的深切关爱、对教育事业的忠诚与奉献上。拥有高尚师德的教师能够以身作则,用自己的言行影响学生,传递正能量,帮助学生树立正确的世界观、人生观和价值观,激发他们的学习热情,培养他们积极向上的人生态度。

深厚语言素养是英语教师的基本功,它要求英语教师不仅精通英语语法、词汇等基础知识,更要具备流利的口语表达能力和丰富的语言文化背景知识。拥有深厚语言素养的教师能够用生动、准确的语言讲解课程内容,使学生在轻松愉快的氛围中掌握语言技能,同时拓宽他们的国际视野,增强跨文化交流的能力。

跨文化交际能力是英语教师不可或缺的一项技能。在全球化的今天,英语已成为国际交流的重要工具。具备跨文化交际能力的英语教师能够帮助学生理解不同文化背景下的语言差异,培养他们的文化敏感性和包容性,使他们能够在国际舞台上自信地表达自己的想法，成为具有国际视野的复合型人才。

创新能力是英语教师核心素养中的闪光点，它体现在教师不断探索新的教学方法、技术和理念上，以激发学生的学习兴趣，培养他们的创新精神和实践能力。具有创新能力的教师能够根据学生的特点和需求，设计出富有创意的教学活动，让学生在参与中体验学习的乐趣，提高他们的自主学习能力和解决问题的能力。

（二）英语教师职业发展对核心素养的提升作用

1. 促进专业素养提升

英语教师在其职业发展过程中，通过持续不断的学习与实践，能够逐步且显著地提升自身的专业素养，不仅能够实现个人能力的提升，还能实现教育理念和教学方法的不断革新。参与国内外教学研讨会、与国外教师进行深度交流与学习等活动，为英语教师提供了宝贵的平台与机会，能够使他们在更广阔的视野下审视和反思自己的教学实践。

参加国内的教学研讨会，英语教师能够接触最新的教育理念、教学方法和教学技术，这些前沿信息往往由国内外教育领域的专家学者分享，为教师打开了新的思路。通过与同行的交流讨论，教师可以了解到不同地域、不同学校的教学现状和挑战，从中汲取经验，避免走弯路，促进自身教学水平的提高。同时，国内的教学研讨会常常设有示范课、工作坊等环节，让教师有机会亲身体验新的教学方法，从而在实践中深化理解，为日后的教学创新积累素材。

与国外教师的交流学习，则是英语教师拓宽国际视野、提升跨文化交际能力的重要途径。通过与来自不同文化背景的教师合作、对话，英语教师能够更深入地理解不同教育体系下的教学理念和实践，这对于培养学生的全球意识和跨文化交际能力至关重要。在交流过程中，教师可以分享各自的教学经验和心得，探讨共同面临的问题，寻找解决策略，这种跨文化的互动不仅能够丰富教师的教学资源库，也能够促进他们教学方法的多元化和国际化。

教学实践经历不仅能够帮助英语教师更好地理解和掌握核心素养的内涵和要求，如语言素养、文化意识、思维能力、学习策略等，还能促使他们在教学设计和实施过程中更加注重学生的全面发展，力求在传授语言知识的同时，培养学生的批判性思维、创新能力、社会责任感等综合素养。教师开始注重课堂的互动性和学生的主体性，鼓励学生在真实语境中运用英语，通过项目式学习、合作学习等方式，激发学生的学习兴趣，培养他们的自主学习能力。

2. 推动教学理念创新

英语教师在其职业生涯的不断发展中，必须时刻保持对新教学理念的学习与接纳，这是确保教学活动与时俱进、满足时代需求和学生成长需要的关键。因此，英语教师需要将教学重心从教师转移到学生，实现教学模式的根本性转变。

从以教师为中心到以学生为中心的教学模式的转变，意味着教师需要重新定位自己的角色。在这一新型教学模式下，教师不再是单纯的知识传递者，而是成为学习的引导者和促进者。教师需要通过设计丰富多样的教学活动，激发学生的学习兴趣，鼓励他们主动探索、合作交流，从而让他们在实践中掌握知识，发展能力。这种转变不仅有助于提升学生的学习效率，更重要的是，它能够促进学生的全面发展，包括思维能力、创新能力、团队协作能力和跨文化交际能力等核心素养的培养。

以学生为中心的教学模式强调学生的主体性，意味着学生需要在学习过程中发挥更大的作用。在这种模式下，学生可以根据自己的兴趣和学习进度选择学习内容，通过项目式学习、小组合作等方式，积极参与到学习过程中，主动构建知识体系，形成自己的见解。这种主动式学习不仅能够加深学生对知识的理解，还能培养他们的自主学习能力和解决问题的能力，为他们未来的学习和工作打下坚实的基础。

同时，以学生为中心的教学模式要求教师具备更高的专业素养和更强的教学创新能力。教师需要不断学习新的教学理论和方法,如项目式学习、翻转课堂、合作学习等,结合学生的实际情况,设计出既符合教学目标又富有创意的教学活动。此外,教师还需要具备良好的沟通能力和观察分析能力,以便及时了解学生的学习动态,给予学生个性化的指导和支持,确保每位学生都能在适合自己的节奏下成长。

3. 增强跨文化交际能力

在英语教师的职业发展过程中,提升跨文化交际能力是一项至关重要的任务,这不仅关乎教师个人的专业成长,还直接影响到学生能否在英语学习中获得全面的语言能力和文化视野。跨文化交际能力的提升,意味着教师需要深入了解英语国家的文化背景、历史传统、风俗习惯等多方面的知识,这是英语教学的基础,也是引导学生正确理解和欣赏英语语言和文化的前提。

了解英语国家的文化背景,有助于教师在课堂上营造真实的语言环境,使学生在模拟的情境中体验语言的运用,增强学习的趣味性和实效性。例如,在讲解节日庆典、社交礼仪等主题时,教师可以结合英语国家的实际习俗,通过视频、图片、故事等多种形式,让学生直观感受英语文化,激发他们的学习兴趣。同时,这种深入了解能帮助教师更好地解释语言现象,如俚语、习语等,使学生在理解语言的同时,能理解其背后的文化内涵。

对历史传统的了解,能让教师在英语教学中融入更多的人文精神,使语言学习不仅是词汇和语法的堆砌,更是对一段文化历史的探索。通过讲述英语国家的历史事件、重要人物等,教师可以引导学生思考文化的传承与创新,培养他们的批判性思维和全球视野。这样的教学不仅能够丰富学生的知识库,还能够促进他们对多元文化的理解和尊重。此外,英语教师还需要具备比较中外文化的意识和能力。在全球化日益加深的今天,培养学生的跨文化意识和能力已成为教育的重要目标之一。通过对比中外文化的异同,教师可以帮助学生认识到文化的多样性和复杂性,增强他们的文化敏感性和包容性。例如,在讨论节日、饮食、习俗等话题时，教师可以引导学生思考不同文化背景下的相似性和差异性，鼓励他们进行跨文化交流，促进文化的相互理解和尊重。这种跨文化比较和交流的能力，需要教师具备开放的心态和敏锐的洞察力。教师需要在日常生活中不断积累文化知识，通过阅读、旅行、交流等方式，拓宽自己的文化视野。同时，教师需要具备将文化知识融入教学的能力，通过设计富有创意的教学活动，如角色扮演、文化沙龙等，让学生在参与中体验文化的魅力，提升他们的跨文化交际能力。

4. 提升信息技术应用能力

在信息技术飞速发展的当下，英语教师面临着前所未有的机遇与挑战。为了有效应对这些变化，提升自身的信息技术应用能力已成为英语教师职业发展的必然选择，这不仅关乎教师能否跟上时代的步伐，还直接影响到英语教学的质量和效率，以及学生能否在信息时代中获得全面的学习体验。

掌握现代教育技术的使用方法和技巧，是英语教师提升信息技术应用能力的核心。多媒体教学、在线学习资源、智能教学平台等现代教育技术，为英语教学提供了丰富的工具和手段。通过多媒体教学，教师可以利用图像、音频、视频等多种媒介为学生创造更加生动、直观的学习环境，激发他们的学习兴趣和参与积极性。在线学习资源则打破了时间和空间的限制，使学生能够随时随地学习英语，获取丰富的语言素材和文化背景知识。智能教学平台则通过数据分析，为教师提供了精准的教学反馈，帮助他们更好地了解学生的学习情况，从而调整教学策略，实现个性化教学。

然而，掌握这些技术的使用方法和技巧只是第一步。在信息技术应用的过程中，英语教师还需要具备信息筛选和整合的能力。面对海量的网络资源和信息，教师需要具备敏锐的洞察力和判断力，能够从中筛选出适合学生、有助于教学的优质资源。这要求教师不仅要熟悉各种在线学习平台和资源库，还要具备批判性思维，能够评估信息的真实性、准确性和适用性。同时，教师需要具备信息整合的能力，能够将筛选出的资源进行有效的整合和重组，创造符合教学目标和学生需求的个性化学习材料。

在信息技术的应用过程中，英语教师还需要注重培养学生的信息技术素养，这包括教会学生如何正确使用信息技术工具，如何安全、合法地获取和使用网络资源，以及如何培养学生信息筛选的能力和批判性思维。通过教师的引导和示范，学生可以逐渐掌握这些技能，为他们的自主学习和终身学习打下坚实的基础。

此外，英语教师还需要不断学习和探索新的信息技术应用方式。随着技术的不断进步，新的教育技术和工具层出不穷。教师需要保持对新技术的敏感性和好奇心，积极学习和探索其在教学中的应用潜力。这不仅有助于提升教师的教学水平和创新能力，还能为学生带来更多的学习机会和体验。

三、基于核心素养的英语教师专业化发展路径

（一）树立自我专业发展意识和终身学习意识

在当前教育改革不断推进的背景下，英语教师的专业发展需要教师本人、学校和教育主管部门共同努力，形成一个良性循环的教育生态。教育部门和学校管理层必须认识到，教师的专业发展并非一蹴而就的，而是一个持续演进、非线性发展的过程，在这一背景下，促使英语教师树立专业发展理念和终身学习观念显得尤为重要。英语教师的专业发展不仅关乎教师个人的职业成长，还关乎学生的学习成效，教师的专业技能和知识水平直接影响到教学质量和学生的学习体验。因此，英语教师必须具备高度的自我驱动力，主动寻求专业发展的机会，不断更新教育理念，掌握先进的教学方法和技术，以适应教育改革的新要求。

（二）改进教学方法，创新教学模式

随着时代的发展和社会需求的变化，有些教学方法和模式已难以适应当前教

育发展的需求，面对新的教育形势，英语教师要不断更新教育理念，创新教学方法，持续提升个人的专业技能水平。英语教师应充分了解与把握现代教育理论，结合学生的实际需求和认知特点，设计富有创意和针对性的教学活动。同时，英语教师在教学过程中要重视提升学生的学习能力和知识应用能力，具体来说，在英语教学实践中，英语教师不仅要向学生传授语言知识，还要注重向学生传递人文思想，帮助学生更好地理解语言背后的文化内涵，从而增强学生的理解能力和分析能力。

在信息技术快速发展的背景下，高校英语教师应主动调整教学策略，充分利用多媒体教材、在线互动平台、虚拟现实技术等，不断丰富教学资源，为学生提供更加立体生动的学习体验。教师需要改进现有的课程设置，构建适应信息化背景的英语教学模式，结合视觉、听觉等多种感官体验，通过微课、慕课等在线课程形式为学生提供随时随地学习的机会。为了激发学生的学习动力，英语教师应致力于创造一个最接近语言习得自然语境的学习环境，模拟语言的实际应用场景，有效激发学生的学习兴趣，使学生在轻松愉快的环境中学习，从而提高他们的语言学习效率。

第二节 活动理论视域下的英语教师职业发展

一、活动理论的基本观点

活动理论认为，人类行为中的社会文化资源和物质与精神资源相互交织，该观点源于维果茨基所主张的文化历史心理学思想。维果茨基认为在主体的反应与客体的刺激之间存在中介因素，如文化中介等，而不是线性的刺激—反应，同时他勾勒出了活动理论最核心的概念结构：刺激—中介—反应，该结构表明，人类不是被动地接受客体的刺激，而是主动地通过工具、手段等中介因素作用于外部环境。活动是活动理论基本的分析单位，活动促使主体与自然世界或人类社会进行有意义的互动。

维果茨基的学生列昂节夫（A.N.Leontyev）进一步丰富、发展了活动理论并将人类的活动分为内部活动和外部活动，他认为，外部活动先于内部活动，内部心理活动是由外部活动的刺激产生的。活动具有层级性，并处于不断发展、变化的过程中。完整的活动由动机或需要、目标、达到目标的条件以及跟这些成分相关的行为、操作构成。活动以客体为导向，主体的动机或需要驱动了活动的发生，行为构成了活动的基本单位，操作是展开行为的具体步骤，构成活动的成分是可以相互转换的。

恩格斯托姆（Y.Engeström）在黑格尔的活动思想和达尔文的生物进化论基础上创建了活动三角模型，并从生物遗传视角分析了人类活动的演变、进化过程。活动三角模型由活动系统结构组成，包括主体、客体和共同体这三个核心因素以及工具、规则、劳动分工三个次因素，各因素之间相互影响和作用，并形成了生产、交换、消费、分配四个子系统。

工具是指起中介作用的人工制品，包括思考工具和物质工具，主体和客体受到工具的调节；主体在活动中处于中心地位，是具体活动的实施者；客体是活动的目标或者需要解决的问题，客体激励主体，驱动活动系统，使得整个活动系统以客体为导向；规则可分为强制性规则和规约化的社会规则，前者包括法律和条例，后者包括规范、惯例、意识形态、伦理、社会关系等，规则调节着活动系统内部主体的各种行为，以及主体与共同体之间的互动关系，它限制了主体活动的范围；共同体是指由有相同目标的多个成员所构成的群体，是活动系统参与人员所构成的集合体；劳动分工是指共同体成员之间的任务、权利和地位分配等，它是活动结果与共同体之间的中介。

活动系统结构强调，单纯个体意义上的活动是不存在的，目标的达成是共同体的成员合作的结果；该结构突出了主体与共同体成员之间的互动关系，规则和劳动分工的增加使得活动理论更为完备；该结构描述的是人类的实践活动，主体的活动是在一定环境下发生的，要理解主体的行为就离不开一定的环境；该结构具有一定的普适性，对分析和指导人类的各种活动具有重要意义。

二、活动理论与英语教师职业发展的关系

活动理论对活动系统的基本构成要素进行了阐述，并深入分析了活动的实现流程。依托这一方法论，活动系统分析已成为一种剖析人类在自然环境中从事复杂活动的有效手段。活动系统分析是阐释教师如何在教学实践中不断实现成长与进步的理论基础，为探究教师在教学过程中的行为与认知提供了强有力的工具。基于活动理论，可以将英语教师的职业发展看作一个动态的活动系统结构，在这个活动系统结构中，外部行为和内部状态系统相互调节、相互影响。通过将英语教师职业发展置于活动系统结构内进行分析，我们可以更深入地理解教师如何在教学实践中不断成长和进步，以及如何通过调整外部行为和内部状态系统来提高教学效果。在活动系统结构中，英语教师是教学活动的主导者，职业发展是客体，教学目标通过一系列有计划、有组织的活动和措施，促进英语教师在专业技能、教学方法、学术研究等方面实现成长与进步，不断提升教育质量，从而加强学生的学习效果，促进学生全面发展。资源是调节英语教师职业发展的基础工具，英语教师可以通过多种途径获取资源，例如，参加各类学术交流活动、研讨会等，这些活动能够拓宽教师的视野，帮助他们建立更为完善的学术网络，不断吸收新的教学理念和方法，提高自身的学术水平和教学效果。

学术研究领域对英语教师职业发展的影响因素及实现途径的探讨引起了广泛关注，研究者从不同的视角出发，提出了多种理论和观点。其中，有学者通过研究揭示了影响英语教师职业发展的因素。在个人因素方面，研究指出，英语教师的职业幸福感、职业发展意识以及专业知识基础是影响其职业成长的关键要素；

在外部环境方面，家庭压力和工作环境对英语教师的职业发展具有显著影响。基于这些发现，学者进一步提出了促进英语教师职业发展的具体策略：第一，应为教师提供合理的薪酬福利、职业晋升机会以及平衡工作与生活的政策支持。第二，高校及社会应创造有利于提升教师幸福感的学术氛围，赋予教师更多的自主发展权利，包括自主选择教学内容、教学方法以及参与学校决策的权利，从而激发教师的内在动力和创新精神。

三、活动理论视域下英语教师职业发展的路径

（一）积极参加学术交流活动

教师职业发展的核心目标在于不断提升教师的教育素养，使教师的知识和技能得到不断更新，以培养更多社会需要的综合型人才。英语教师必须积极参与各类学术交流活动，这些活动不仅能够帮助教师了解最新的学术动态和研究成果，还能够让教师与其他教育工作者进行交流和讨论。教师可以分享自己的教学经验和研究成果，从而获得新的灵感和思路，进一步提升自己的教学能力和学术水平。学术交流活动可以分为校内学术交流活动和校外学术交流活动两大类。

校内学术交流活动是本校教育和研究工作的重要组成部分，包括英语教师或特邀专家在校内举办的各类学术讲座、专题学术研究小组活动以及教研组常规会议等，这些活动旨在促进知识的传播、学术思想的交流和教学方法的创新。英语教师在校内学术交流活动中扮演着双重角色：一方面，他们可以利用自己的研究专长发表面向师生的学术报告，分享最新的研究成果和教学经验；另一方面，英语教师也可以积极参与其他教师在校内举办的学术报告，通过聆听和讨论，不断拓宽视野，提高自身的教学和研究水平。专家在校内的学术报告则为英语教师的职业发展提供了重要的外部支持，这些专家通常在语言教学、教育心理学、课程

设计等领域拥有丰富的理论知识和实践经验，专家的指导和建议能够激发教师的创新思维，帮助教师解决实际教学中遇到的问题。

校外学术交流活动是高校促进知识传播与学术创新的重要途径，包括校际学术交流、在国内外举办的学术会议，以及前往国内外高校进行的访学等多种形式。具体而言，校际的学术交流活动是各高校之间在学术领域内进行深入合作与资源共享的重要方式，通过这种形式的交流，英语教师能够与来自不同高校的教师进行面对面的讨论与合作，分享各自的经验，共同提高教学与研究水平。在国内外召开的学术会议，是学术界交流思想、探讨问题、分享研究成果的重要场合，这些会议通常围绕特定的学术主题或研究领域，邀请来自世界各地的专家学者进行探讨。通过参与这些会议，英语教师可以了解最新的学术动态和研究成果，还能通过与其他教师的交流提升自身的科研鉴赏能力和学术判断力。到国内外高校访学有助于教师紧跟时代发展的步伐，及时更新自身的知识体系和教学内容，从而更好地适应教育发展的新要求。同时，访学活动为教师提供了一个实地考察和学习的机会，使他们能够亲身体验不同高校的教学环境和学术氛围，从而获得更为全面和深入的学术体验。

（二）改善职业发展环境

高校英语教师所处的客观环境对于其职业发展具有重要影响，为了促进英语教师的职业成长，必须改善其职业发展环境。从宏观视角来看，可以将职业发展环境理解为一个国家教育体制或省、市教育系统所营造的整体职业发展氛围，其影响着教师的职业规划、培训机会以及职业晋升路径。从微观角度来看，职业发展环境特指一所学校或一个教研组内部所形成的氛围，这种氛围同样对英语教师的职业发展具有深远影响。在一个积极向上的教研组中，教师能够相互学习，分享教学经验，共同探讨教学方法的创新，从而促进个人教学技能的提升，反之，则不利于教师的职业发展。

教师自身也在改善职业发展环境的过程中扮演着重要角色，英语教师是其职业环境的构建者，在课堂教学中，教师与学生构成了英语教学活动的生态主体，他们之间的互动关系和相互作用决定了英语教学中个体所处环境的性质。和谐的师生关系能够为学生提供一个安全、支持的学习环境，使他们能够自由地表达思想、探索知识。此外，学生与学生之间融洽的关系能够促进合作学习，增强团队精神，这对于培养学生的社交能力和集体意识至关重要。积极向上的课堂氛围能够激发学生的学习热情，增强他们对英语学习的兴趣和动力。英语教师需在不同情境下扮演多种角色，成为学生心目中的"重要他者"，然而，尽管英语教师的"他者"调节作用对于营造良好的教学环境至关重要，但过度依赖教师的调节功能可能会对学生的自主学习能力和解决问题的能力产生负面影响。

此外，教育行政管理部门应当致力于构建有利于英语教师职业发展的良好环境，要为英语教师提供必要的支持和条件，让教师更好地从事学习、教学以及科研活动。具体而言，教育行政管理部门要了解英语教师的物质、精神需求以及影响其职业发展的各类因素，积极为英语教师的职业发展提供支持与服务，同时，应依据英语学科的特性制定并实施一系列有利于英语教师职业发展的政策措施，建立科学有效的激励机制，以营造和谐、积极的职业发展氛围。

综上所述，改善职业发展环境对于英语教师的职业成长具有显著的促进作用。良好的职业发展环境不仅能够激发英语教师的内在动力，还能够为他们提供必要的资源和机会，使得他们能够根据自身的职业规划和目标做出更为明智的职业发展选择。

（三）融入教师共同体

在英语教师职业成长的过程中，教师共同体的客观价值与现实意义得到了充分展现，英语教师与教师共同体之间形成了一种相互促进、共同发展的关系。教师共同体为教师提供了交流和合作的平台，为他们提供了学习和成长的机会。通过参与共同体的活动，教师可以分享教学经验、探讨教学方法，互相学习，互相启发，从而不断提升自己的教学能力和专业素养。因此，教师共同体在英语教师的职业成长中能够起到至关重要的作用，其不仅有助于教师个体的专业成长，还能促进整个教育行业的进步。教师共同体强调主体性合作，其核心理念在于弘扬团队精神，该共同体以教师群体为依托，致力于培养教师的反思能力和问题解决能力，强化其合作意识，提升其教学质量与专业发展能力。注重交流与对话是教师共同体的显著特征，通过定期组织活动，教师能够分享各自的教学心得和学术见解，利用集体智慧解决教学过程中遇到的难题。此外，教师共同体还致力于为教师提供一个持续学习和自我提升的环境，通过组织研讨会、讲座和学术会议等活动，为教师提供丰富的学习资源和实践机会。

为了融入教师共同体，英语教师必须加强对自身职业发展的规划。首先，教师要制订切实可行的专业自主发展的长期规划，确保其目标明确、步骤清晰，并且与教师个人的职业愿景和教育机构的发展需求相契合；其次，英语教师需加强专业自主发展管理，对个人发展计划进行持续监督和评估，对所采取策略的有效性进行定期审查；最后，教师要保持对教育领域最新动态的敏感性，不断更新专业自主发展途径，积极采纳新的教学理念、技术和方法，以适应不断变化的教育环境。从最近发展区理论的视角来分析，英语教师融入教师共同体的过程，实际上是在"支架"作用的辅助下，在教师个人最近发展区的提升。"支架"指个体在发展过程中，为达到更高层次的认知与技能水平，所必需的来自同伴、导师或其他教育者的中介协助物。在教师共同体中，英语教师通过分享教学经验、讨论教育理念、交流科研成果以及互相提供反馈和支持，共同构建起"支架"，借助这样的"支架"，教师能够更清晰地认识到自己在专业学习、教学实践、科研探索等多方面的最近发展区，从而明确自己的发展方向和提升空间。实际发展水平指个体在没有外部帮助的情况下，独立解决问题的能力水平，而潜在发展水平则是指个体在得到适当中介工具和策略支持后解决问题的水平，这两种水平之间的距离即最近发展区。加深对最近发展区的认识能够促使教师进行自我反思和自我激励，激励他们不断学习新知识、掌握新技能、探索新方法，以达到更高的潜在发展水平。

（四）不断提升综合能力

教师的综合能力是其职业发展的基石，教师的综合能力水平直接关系到其在教育事业中的成就与进步。具体来说，英语教师的综合能力包括学习能力、科研能力、教学能力等。

学习能力是个体开展学习活动时表现出来的能力，英语教师在教学实践中，应当不断追求学习能力的提升。教师应积极构建和利用以学生、同事、专家为主的社会关系网络，通过交流、合作和研讨，促进知识的共享，实现自我提升和知识更新。

科研能力指个体在运用科学的思维和方法进行研究、解决问题的过程中，所展现出的发现新知识、创造新理论的能力。科研不仅是学科建设的载体，还是衡量学术成就和专业水平的关键指标，其成果主要通过学术论文的发表、学术专著的出版、科研项目的立项以及科研成果奖励等进行体现。在英语教师的职业生涯中，科研能力的发展至关重要。为了有效提升自身的科研能力，英语教师应当将教学重心从传统的知识传授转移到知识的创新与创造上来。积极投身于科研活动，不仅能够促进英语教学的深入发展，而且有助于教师自身紧跟时代的步伐，保持专业发展的前沿性。此外，科研活动还能够激发教师的创新意识，增强其解决实际教学问题的能力。同时，英语教师的科研活动对学生的学习具有深远的影响，学生通过参与教师的课题研究或在教师的指导下进行独立研究，能够加深对学科知识的理解，能够培养批判性思维、解决问题的能力以及自主学习的习惯，这些能力的提升，对于学生未来的学习和职业发展具有深远的影响。

教学能力不仅指上课的能力，还包括对专业理论和知识的掌握、课程建设能力、选择教学内容的能力、调整教学方法和手段的能力、教学改革与研究的能力、促进学生发展的能力、运用现代教育技术手段的能力等。有效地促进英语教师教学能力发展的方式之一是加强专业学习共同体的建设，英语教师需要通过不断的学习来提升自己的教学能力，更新自身的专业理论，完善自身的知识结构。

第三节　建构主义视域下的英语教师职业发展

建构主义作为一种教育思潮，其知识观、学习观等对现代教育改革与发展具有重要的指导意义。同样，建构主义对教师职业发展也产生了重要的影响。

一、建构主义的内涵及观念

（一）建构主义的内涵

建构主义作为一种教育思潮，其最早提出者是瑞士著名心理学家皮亚杰（J.Piaget）。皮亚杰的理论充满唯物辩证思想，他坚持从内因和外因相互作用的观点来研究儿童的认知发展。他认为，儿童是在与周围环境相互作用的过程中，逐步建构起关于外部世界的知识，从而使自身认知结构得到发展的。

建构主义有其独特的学生观、学习观、课程观、教学观等，其理论相当丰富。经过众多学者的不断完善和发展，建构主义已成为当今教育领域内重要的理论之一。然而，要给建构主义下一个准确的定义是十分困难的事情，国内外不少学者也尝试对其下过定义。

归纳起来，主要集中在以下两个方面：

一是从认识论的角度来定义。例如，理查德森（J.Richardson）认为，不管如何定义知识，它都是在人们的头脑中，并且思考者无一例外是基于自己的经验建构其认知的。

二是从学习论的角度来定义。例如，美国学者布朗（A.R.Brown）认为，建构主义是一种关于人们如何学习的理论，他认为，先前获得的知识和体验在学习中起着重要的作用，是后继行动的基础。

（二）建构主义知识观

建构主义是行为主义发展到认知主义之后学习理论的进一步发展，它认为，知识不是一成不变的，而是随着人们对客观存在事物认识的不断深化而深化，它强调学习是知识的建构，提倡学生主动学习，并构建自己的知识体系。

建构主义认为，知识不是客观存在的，而是人在实践活动中面对新事物、新现象、新信息、新问题等所做出的暂定性的解释和假设。建构主义知识观的核心内容为知识的本质是解释和假设。

长期以来，人们都有这样一种根深蒂固的认识，即认为知识是人们对客观事物准确、固化的表征，是对客观世界本质的反映。知识的性质和内容是不以人的意志为转移的，也不会随时间的推移而改变。传统知识观的实质在于将知识绝对化、固定化、客观化。但建构主义认为，知识不是对现实的客观反映和准确表征，知识并不能精确地概括和反映世界的发展。在具体问题中，我们并不是直接将知识拿来使用，一用就灵，而是需要依据具体情况对固有的知识进行再改造。知识只不过是人们借助符号系统对客观现实所作的一种解释和假设。知识不是客观的，它并不是问题的最终答案和唯一解释，它只是一种在目前来说对现实世界较为可靠的假设，并随着人类社会的发展而不断发生变化和更新。

基于这种观念，建构主义认为，知识在被个体接受之前对于个体来说毫无权威可言，不能把知识作为预先决定了的东西教给学生，不能以权威为理由来强迫学生接受这些知识。知识建构过程是个体自主学习的过程，并非被动接受已有的知识和信息的过程。已有的知识和信息具有一定的科学性和合理性，但并不是在任何时候对任何学习者都有用。学习者在进行学习时，必须根据具体实际情况，在已有知识结构基础上，根据自己的思维能力和判断能力来建构属于自己的新的知识和信息体系。

因而，个体对知识的理解只能基于自己的经验背景来建构，通过他们自己的分析、鉴别、评价、假设形成自己的理解，建构起真正属于自己的知识体系。知识建构是个体利用新旧知识经验之间的相互作用完成的。建构主义认为，学习者在进行知识建构时，一方面要对新信息进行意义建构，同时也要对原有经验进行改造和重组。在个体进行经验建构的过程中，个体的图式会随着不断扩展的经验而不断进化，所有的知识都是在这种个体与经验世界的对话过程中建构起来的，而这是以个体认知过程为基础的。

建构主义认为，学习者在日常生活和以往的学习中就已经形成了丰富的经验，他们对任何事物都有自己的看法。即使有些问题他们没有接触过，没有现成的经验，但当问题出现时，他们往往也可以基于相关的经验，依靠他们的认知能力，以自己的方式建构对事物的理解。

传统知识观认为，概括化的知识是学习的核心内容，这些知识可以从具体的情境中抽象出来，让学生脱离具体物理情境和社会实践情境进行学习。建构主义认为，学习总是离不开一定的情境，知识也总是在一定的情境中才有意义。建构主义反对将具体情境中的知识抽象为概括性的概念、规则和原则，反对让学习者脱离现场情境进行学习，因为这种抽象出来的知识的学习结果不能被自然而然地迁移到各种真实情境中去。建构主义认为，只有把学习者置于真实、复杂的情境中，并尽可能在实际任务中获取经验和建构知识，才能使学习者适应不同的问题情境，这样，知识在实际生活中才能做到广泛的迁移。

因此，建构主义者致力于实习场的创设，让学生与完整的经验回归到融合的状态，并将实践共同体作为一个能整合到学校实践中去的学习舞台。情境化的教学淡化了无形知识的内容，使知识变得生动、有形，这也解决了学生缺乏对知识感性认识的难题，弥补了学生缺乏实践经验的遗憾。

（三）建构主义学习观

建构主义认为，学习不是由教师将知识简单地传递给学生，而是由学生自己主动建构知识体系的过程。学生借助于其他人的帮助，如与他人进行协作、交流、利用必要的信息等，在一定的情境下，主动建构知识的意义，进而获得知识。在学习知识的过程中，学生不是被动的信息接收者，而是主动地建构知识意义的建构者。学生根据自己的经验背景，对外部信息主动地进行选择、加工和处理，从而主动地建构知识的意义。外部信息本身并没有什么意义，意义是通过新旧知识经验间反复的、双向的相互作用过程建构而成的。每个学生都是在自己已有的知识经验的基础上，对新信息重新编码，进行意义的建构的。在建构主义者看来，学习过程不是信息的简单输入、存储和提取的过程，而是新旧知识经验之间双向的、相互作用的过程，也就是学习者与学习环境之间互动的过程。

建构主义学习观强调学习是学习者主动建构意义、创造知识的过程。建构主义旗帜鲜明地指出学习是学习者主动建构意义的过程。皮亚杰在论述个体的知识过程时，提出个体通过同化和顺应，或是将外在刺激纳入已有图式，或是调节原有图式来适应环境。个体认识世界的过程就是个体与外在世界互动的过程。

二、建构主义视域下英语教师职业发展的内涵

建构主义视域下的教师职业发展，既包括教师自身的专业成长，也包括贯穿于教师整个职业生涯的促进教师发展的过程。也就是说，在教师的职业发展过程中，既存在教师教育所提供的外部专业环境不断变化的职业发展的物理过程，也存在以"学会教学"为特征的教师自我职业发展的心理过程。

教师职业发展是其专业心理与专业教育和实践持续、动态地相互作用的过程。促进教师成长的过程从有关教师发展的本质以及教师发展如何实现的假设中获取基本原理。教师专业成长是一个持续不断的过程，但不是一个自然的成长过程，需要适时而有效的教育模式和策略予以保障。

实现教师终身持续发展，重要的是建立从教师培养到职后继续教育一体化的体系，构建促进教师成长的有效教育模式，促进教师专业成长的外部因素和教师专业成长的内部因素相互作用、相互制约。因此，教师的职业发展过程就是教师接受的外在教育与其个人内在专业心理融合统一的过程。总之，建构主义视域下的教师职业发展，是对教师个体的尊重，也是对教师个体自主发展的尊重，同时对以促进教师发展的教师教育及其支持环境提出了更高的要求。

与传统的教师职业发展强调群体和外在维度的教师专业化过程不同，建构主义视域下的教师职业发展强调教师个体内在专业特性的提升及其与外在支持环境的结合，是实现教师个体的专业知识、专业技能、专业情意、专业自主、专业价值观、职业发展知识等方面不断发展，逐渐符合教师专业标准的过程。

（一）教师职业发展是"人"的发展

教师职业发展，本质上是一种深刻而全面的"人"的发展，它深刻体现了对教师主体性的尊重与认可。在这一进程中，教师不仅是教育体系的执行者，还是自我成长与进步的主动探索者。教师的职业发展，是其作为独立个体在职业生涯中不断追求成长、完善自我的过程，这一过程强调并依赖于教师个人的主观能动性。

建构主义的教师角色观，为我们理解教师在职业发展中的主体性提供了有力的理论支撑。它视教师为积极的学习者和知识的建构者，强调教师能够基于自身已有的认知结构和经验，通过"同化"与"顺应"的机制，不断吸收新知识，构建新的知识结构，从而实现个人专业能力的持续提升。这种观念倡导教师成为自己职业发展的主导者，使教师主动规划、实施并反思自己的职业发展路径。

自 20 世纪 80 年代以来，随着教育理念的不断进步，教师的主体性在职业发展中的重要作用得到了广泛承认。这一转变意味着，在促进教师职业发展的过程中，应充分重视教师的实践活动和已有的认知结构，将其作为教师发展的坚实基础。教师的课堂实践不仅是检验和发展教学理论的试验场，还是教师个人专业成长的重要源泉。因此，将理论学习与课堂实践紧密结合，鼓励教师在实践中学习、在学习中实践，成为推动教师职业发展的重要策略。

同时，有效教师职业发展的一个重要标志，就是能够充分认可并尊重教师现有的教学实践，这不仅是对教师个体经验的尊重，还是对教师专业发展规律的深刻认识。教师的职业发展并非空中楼阁，而是建立在教师个人教学实践的基础之上，教师通过不断的实践、反思、再实践，逐步实现教学理念与行为的优化与升级。

此外，教师的职业发展是一个多维度、多层次的过程，它不仅体现为职业能力的提升，还是个人发展、职业发展与社会发展的综合体现。个人发展方面，教师需要在面对教育改革和教学挑战时，保持开放的心态，勇于改变，同时关注自身的情感变化，保持积极的教学态度；专业发展方面，教师需要不断更新教学观念，创新教学活动，提升教学质量；社会发展方面，教师需要与学生、同事以及社会各界建立良好的互动关系，共同营造一个和谐、互相支持的教育环境。

（二）教师职业发展是教师的自主发展

建构主义视域下的教师职业发展观把发展主体的自身实践活动作为教师发展的根本动力。因为个体的实践中包含人的内在需求与条件、外部影响与条件，也包含发展主体的能动认识与选择，实践是内、外因作用于个体发展的聚焦点，也是推动人发展的直接与现实的力量。教师职业发展不是被动、被迫的，而是自觉、主动地改造、建构自我与世界、他人、自身内部的精神世界的过程。教师职业发展的本质是发展的自主性，发展是教师不断超越自我的过程，是教师作为主体，自觉、主动、能动、可持续地建构自我的过程。

教师的专业自主性是教师职业发展的前提和基础，教师在设计课程、规划教学活动以及选择教材时，应有充分的自主性。教师本人必须把外在的影响转化为自身职业发展过程中的动力，必须具有职业发展意识。教师职业发展意识可以增强教师对自己职业发展的责任感，使教师不断寻求自我发展的机会，逐渐获得自我发展的能力。具有自我意识意味着人不仅能把握自己与外部世界的关系，而且能把自身的发展当作自己认识的对象和自觉实践的对象，只有达到了这一水平，人才在完全意义上成为自己发展的主体。独立的自我意识和自我控制能力的形成，能够把个体对自身的影响提高到自觉的水平，这是一种影响性质的变化，不纯粹是强弱、大小的变化。

然而，教师职业发展中对教师自主发展的强调，并不意味着一切都是"自下而上"，完全由教师个人来决定自己的发展。相反，在这个过程中，教师自主发展同样需要必要的指导和外部支持，需要教师个体同其他人建立一种和谐、合作的关系。这种合作的关系以及以教师发展为目的的支持环境的构建，能保证教师真正实现自我发展。

（三）教师职业发展对教师个体实践知识的重视

工具理性的知识观认为，通过研究能够获得关于事物性质的一般性结论，实践者可以运用客观、科学的知识去解决问题。在这种知识观的影响下，对教师知识的研究主要是确定教师必须掌握的基本知识，以形成特定的教学专业知识。

实际上，教师知识的形成具有经验性、现场性，是教师在教育实践活动中所形成的个人知识，也称为"教师个人实践知识"。教师个人实践知识所基于的实践理性与一般性专业知识所基于的工具理性有所不同。实践理性认为教育实践是复杂的，教育者需要对复杂的、不确定的教学情境做出决策，而这种决策所需要的知识产生于复杂的教学情境，以及对情境做出的"行动中的反思"之中，这种决策过程中所运用的知识只能以贴近实践者自己的语言来表达。

因此，教师不仅需要通过直接教学获得一般性专业知识，还需要从自己的专业实践活动中获得实践知识。教师个人实践知识的研究者认为，这恰恰是教师职业发展研究的一个构成部分，教师在日常课堂活动中常常会运用教与学的理论，而这种理论可能是内隐的。个体知识是教师基于以往经验而形成的对教育的各种主张，它连接着教师的过去（经验）、现在（当前对教育的看法与主张）以及未来（以现有的知识体系为基础对未来行动的预期与决定）。

教师职业发展与教师的实践知识是紧密相连的。对教师而言，实践知识对他们职业发展的影响更为直接和根本，教师职业发展起源于教师在日常生活中对教学情境的知觉、对教育问题的关切以及对实际状况改变的需求。虽然语言教学中专业技能的本质是一个尚未得到充分探索的研究领域，新手教师和有经验的语言教师在感知和理解自己行为方式上表现出的某些差别，似乎源于他们不同的工作方式以及由此形成的对教学的概念和理解处理方式的不同，因为有经验的教师了解典型的课堂活动，了解可能会出现的问题及解决方法。通过比较，新手教师明显不太熟悉学科主旨、教学策略和教学环境，并且缺少足够的"思维脚本和行为常规"技能。

可见，教师的许多知识和能力是依靠个人经验和对教学的感悟而获得的，由于教学情境具有不确定性，所以教师的职业发展必须与教学实践、教学情境相联系，教师应该不断反思自己的教育教学理念与行为，不断进行自我调整、自我建构，从而促进自身的职业发展。

三、建构主义视域下英语教师职业发展路径

（一）强化理论学习与运用

建构主义教育理念深刻地影响了现代教育体系，它高度重视个体在认知过程中的主动性和建构性，将学习视为学习者主动将既有知识、经验与新知识相融合，进行认知结构重组的动态过程。在这一理论框架下，英语教师的职业发展路径被赋予了新的内涵和要求。

为了不断提升自身的专业素养，英语教师在其职业发展过程中，应当积极学习并深入探索先进的教育教学理论，尤其是建构主义理论及其在教学实践中的运用。这意味着，教师不仅要掌握建构主义的基本原理，如知识的建构性——知识是学习者在特定情境下，通过个人经验与新信息的互动而主动建构的；情境性——强调学习发生在具体、真实的情境中，有助于知识的理解和应用；社会性——认为学习是一个社会互动的过程，通过交流、合作与反思来促进知识的深化。在此基础上，英语教师还需深入研读国内外关于建构主义及其在教学实践中的应用文献，关注学术前沿，了解最新的研究成果和教学案例，这些文献不仅提供了理论上的指导，还通过实际的教学案例展示了如何将建构主义的核心理念转化为课堂上的具体操作策略，例如，如何设计以学生为中心的教学活动，如何创设真实的学习情境以激发学生的参与热情，以及如何利用小组合作和讨论促进知识的共享与建构等。

通过阅读和学习，教师可以不断充实自己的理论库，同时将这些理论知识转化为实际的教学技能，从而在教学实践中更有效地引导学生主动探索、合作学习，促进他们认知结构的自主构建和全面发展。这一过程不仅有助于提升教学质量，也为教师的个人成长和职业发展奠定了坚实的基础。

（二）提升跨文化素养与交际能力

建构主义教育理念的核心在于强调学习者的主体性和建构性，这一理念在英

语教学中的应用尤为关键。在这样的教育框架下，英语教师不仅扮演着知识传授者的角色，他们还是学生学习旅程中的引导者和伙伴。鉴于英语作为国际交流语言的特殊性，英语教师还需具备较高的跨文化素养和交际能力，这对于他们更好地理解和引导学生至关重要。

（三）持续自我反思与职业发展

建构主义教育理念深刻揭示了教师自我反思与职业发展的连续性和重要性，强调这是一个永无止境的过程。在这一理念的指导下，英语教师在其职业生涯中的每一步都应坚持自我审视与成长，不断追求卓越。

为了有效地推动个人职业发展，英语教师首先需要基于自身的实际情况和职业愿景，精心制订一份既实际又具有前瞻性的职业发展计划，这份计划应清晰地勾勒出个人的发展目标、重点领域以及实现路径，为后续的每一步行动提供明确的方向指引。在制订计划的基础上，教师应充分利用各种专业培训和学习资源，积极参与进修课程、专题研讨会、学术会议等高质量的学习活动，这些活动不仅能为教师提供与同行交流切磋的平台，还能让他们接触到最新的教学理念、方法和案例，从而不断更新和丰富自己的专业知识库，提升教学能力和水平。此外，英语教师应保持对行业动态的敏锐洞察，时刻关注英语教学领域的最新发展。通过订阅专业期刊、参加线上论坛、关注教育机构的社交媒体等多种方式，教师可以及时获取最新的教学理念、研究成果和成功案例，为自己的教学实践注入新鲜血液，激发新的教学灵感和思路。

第四节　人工智能时代的英语教师职业发展

随着互联网、大数据、云计算等技术的不断发展，人工智能正改变着人们的生产和生活方式。2020年，教育部高等教育司明确了其发力点为"抓教师、促教学"，这对教师的职业发展提出了相应要求。在英语教学领域，人工智能依托自然语言理解、生物特征识别、人机交互、数据挖掘等关键技术，在学习辅导、情境构建、智能评测等方面取得了突破性进展。面对这场技术革命，教师如何达到教育部高等教育司提出的要求，成为英语教师在职业发展过程中必须思考和面对的实际问题。

一、人工智能时代英语教学的变化

我国的教育信息化经历了几十年的发展，大体上可以分为三个发展阶段，即电化教学阶段、计算机网络辅助教学阶段和信息技术与教育深度融合阶段。目前，教育发展正处于第三阶段，此阶段又分为"互联网＋教育"和"人工智能＋教育"两个时期。近些年比较盛行的慕课、翻转课堂等混合学习模式就是"互联网＋教育"的典型形式。总的来说，人工智能技术将引发教育领域更深层次的结构性变革，形成以融合、开放、交互、共享为基本特征的教学新形态。人工智能时代英语教学的变化主要体现在以下几个方面：

（一）教学环境的变化

人工智能时代的教学环境正以前所未有的速度向智能化迈进，这一变革不仅重塑了教育的面貌，还极大地丰富了教学活动的形式和内涵。在这个充满科技感的时代，教师和学习者双方充分利用智能手机、平板电脑等智能硬件设备，以及各类学习 App 等软件工具，共同构建了一个强大而灵活的教学支撑体系。这些先进的技术手段不仅极大地提升了教学的效率和效果，还为教学活动的创新提供了无限可能。

随着教学情境的高度虚拟化，教学活动已经能够在很大程度上突破时间和物理空间的限制。传统的教室不再是学习的唯一场所，取而代之的是一个动态的、开放的、互动的、共享的泛在学习环境。在这个环境中，学习者可以随时随地接入学习网络，获取所需的知识和信息，真正实现"时时可学、处处能学"的无缝学习体验。这种学习方式不仅极大地提高了学习的灵活性和便捷性，还使个人学习和公众学习空间得以有效连接，跨越了时空界限，让校内学习与校外学习、正式学习与非正式学习、物理世界的学习与虚拟现实或网络世界的学习之间能够进行互动和融合。

大数据技术的广泛应用为教学活动提供了前所未有的内容支持。通过大数据的挖掘和分析，可以创造出海量优质的多模态教学资源，这些资源涵盖了文字、图片、音频、视频等多种形式，能够满足学习者多样化的学习需求。同时，大数据实现了分散资源的共建共享，使得优质的教学资源能够跨越地域和机构的限制，被广泛地传播和应用。

依托聚类和数据挖掘技术，教师可以轻松地获取适合学生水平、能够激发学生学习兴趣的教学资源，这些资源不仅数量庞大，而且质量上乘，能够为学生提供丰富的学习材料和多样的学习路径。教师可以根据教学目标对资源进行分层、分类，使多种形式的媒体资源有效融合，形成一套完整而系统的学习资源体系。这样的资源体系不仅有助于提升学生的学习兴趣和积极性，还能够促进学生的深度学习和全面发展。

在人工智能时代的教学环境中，教师和学习者共同构建了一个充满活力和创新的学习生态系统，这个系统不仅提供了强大的技术支持和内容支持，还实现了教学要素之间的有效联通和互动，让学习成为一种无处不在、无时不有的生活体验。这种泛在学习环境的构建，不仅为教师的职业发展提供了新的机遇和挑战，也为学习者的终身学习和全面发展奠定了坚实的基础。

（二）教学方式的变化

有教无类与因材施教，作为教育领域内追求的理想状态与最高境界，其核心理念在于尊重并促进每一位学生的全面发展。这种以学生个体成长和发展需求为核心的个性化教育模式，随着人工智能技术的蓬勃发展，迎来了前所未有的发展机遇，这一崇高目标的达成拥有了极为有利的条件。

　　大数据技术作为人工智能领域的重要支撑，其强大的数据处理与分析能力为个性化教育提供了坚实的基础。通过对学生学习过程中的各类信息进行全面而精准的采集，包括学习偏好、具体学习需求、认知风格及能力特征等多元化数据，大数据技术能够构建出详尽且个性化的学生画像。这些画像不仅反映了学生的当前学习状态，还预示着其潜在的学习路径与成长趋势。基于这些画像，教育平台或系统能够自动匹配并推送适合学生的教学资源与学习材料，实现教学内容与个体需求的精准对接。

　　与此同时，生物特征识别技术的运用进一步丰富了个性化教育的实施手段。通过动作捕捉、面部表情分析、语音识别等先进技术，教师能够感知并记录学生在课堂讨论、小组合作等互动环节中的行为表现与情绪变化，实现对学习过程的深度追踪与即时反馈。这些丰富的数据经过智能分析，能够生成详尽的学习分析报告，为教师提供科学的决策依据。据此，教师可以为每位学生量身定制个性化的学习计划，同时依据学习大数据的动态变化，灵活调整教学策略，不断更新教学内容，确保教学活动始终贴近学生的实际需求与成长节奏。这种个性化的学习指导，有助于学生逐步构建起符合自身特点的"自适应"学习路径，从而显著提升学习效率与学习质量。

　　在人工智能时代的教育转型中，教学的重心已从单纯的知识传授转向了对学生高级思维能力和解决复杂问题能力的培养。这意味着，获取知识性内容不再是教育的唯一或首要目标，教育将更加注重学生在知识学习与实践经验积累的基础上发展批判性思维、创新能力、团队合作与沟通等21世纪核心素养。为此，自主合作探究式学习作为一种强调学生主动性、参与性和创造性的教学模式，将在人工智能时代的教育实践中占据越来越重要的地位，这种模式鼓励学生基于兴趣与问题导向，通过自主学习、小组讨论、项目探究等多种方式，主动探索知识，解决真实世界的问题，从而在实践中锻炼并提升自己的综合能力。

（三）教学评价的变化

评价与反馈作为衡量教学成效不可或缺的一环，其准确性和时效性对于提升教学质量至关重要。人工智能技术的融入，为教学评价注入了新的活力，赋予了其更加丰富和深刻的内涵。

一方面，人工智能以其强大的数据处理与实时分析能力，能够细致入微地记录学生的学习行为，并提供及时有效的反馈。以口语或语音学习为例，借助先进的语音识别技术，学生可以与智能系统进行实时互动。系统不仅能准确识别学生的发音，还能根据其说话的流利度、发音标准程度等关键指标进行客观评分，并即时给出反馈与纠错建议。这种即时反馈机制极大地增强了学习的互动性和针对性，使学生能够立即了解自己的学习状况，从而有针对性地加强自主学习和练习，有效加强学习效果。

另一方面，大数据技术的全样本分析能力为英语教学评价带来了革命性的变化。大数据技术的运用，使得英语教学过程中积累的数据不再是零散的、片段化的评估信息，而是完整、连续的学习记录。教师能够利用这些数据，建立更加科学、全面的评价反馈体系，从而更准确地把握学生的学习进展，及时调整教学策略，提升教学品质。

此外，人工智能时代还为教学评价提供了更多元化的方式。教师能够利用智能设备捕获反映教学质量的各种证据，如学生在团队合作和协作过程中的表现视频等。这些证据不仅为学生自查、同伴互查提供了直观的依据，也为上级考评提供了新的视角和维度。通过这些新方式，教师能够更快地评估和回应学生的学习需求，及时发现并解决学习中的问题，从而推动教学质量的持续提升。

二、人工智能时代英语教师职业发展需要的能力

人工智能时代的教育是典型的以技术驱动为核心的教育形态，这就要求教师在技术上具有胜任力，从被动接受者转变为主动合作者和技术创新者，需要具备以下三种能力：

（一）智慧教学工具的应用能力

如今，云班课、云课堂等智慧教学工具层出不穷，教师不仅要熟练掌握资源共享、作业批改、学业表现统计等功能模块的相关技术，还要能够巧妙地运用这些教学工具来优化教学模式、重构教学生态，以技术促进学习。

（二）信息资源的筛选和整合能力

人工智能时代也是知识爆炸的时代，学生每天都要面对海量的信息，很容易迷失方向而陷入无目的学习的困境。为此，教师必须有主导信息的能力，能对海量信息进行判断、筛选、提炼和整合，有效地开展教学并积极引导学生逐步学会处理和运用海量信息以满足学习需求。

（三）大数据的处理和生成能力

人工智能时代的教学离不开大数据的支持和应用。在大数据时代，学生的学习习惯、行为和表现都将被数据化，其优点在于高效、精准和科学。教师对数据要保持高度敏感，要能及时分析和处理并且利用数据，将数据创造性地融入整体教学设计和教学的全过程，通过不懈的努力来推动教学的优化。

三、人工智能时代英语教师职业发展面临的机遇

凭借强大的信息处理能力，人工智能在一定程度上能取代教师的工作。然而，教育系统的复杂性使人工智能在应用中不可避免地存在某些局限性，因为教师的工作往往是非预设、非逻辑、非线性的，教育过程中的各种偶发事件需要高度的创造性和艺术性。

与教师相比，人工智能在隐性知识的传递、知识的迁移和创新等方面的作用比较有限，这说明，人工智能并非可以教所有的知识。从知识类型来看，知识可以分为显性知识和隐性知识，对学生而言，隐性知识比显性知识更重要。然而，

隐性知识的复杂性和多变性对施教者的教学技巧、教学经验和应变能力等都提出了更高的要求，这恰恰是人工智能难以达到的。

与知识的记忆相比，知识的迁移和创造具有更重要的意义和价值，它们的实现更多地依赖于人类的常识性思维、批判性思维和主观能动性，人工智能在这方面的局限性比较明显。因此，教师可以在促进学生形成高级思维能力、可迁移能力、创造能力等方面投入更多的精力。

另外，教师在情感交流、心智启迪和价值引领方面具有人工智能无法比拟的天然优势。教师除了"教书"，还担负着更重要的"育人"的职责，"培养什么样的人"、"如何培养人"以及"为谁培养人"是每位教师都需要深入思考的重要问题。英语学科作为连接中外文化的桥梁和工具，肩负着将外国优秀文化引进来、使中国文化走出去的双重使命。

面对纷繁复杂的国际形势，英语教师需要在教学中有机地融入"德行"教育，在培养学生的道德观念和行为品格等方面下功夫，以广博的学识、高尚的人格来引导和激励学生，使其成为优秀的"中国故事"讲述者和传播者。可以预见，未来教师的育人角色将越来越重要，这是人工智能无法替代的。

四、人工智能时代英语教师职业发展路径

关于教师的发展目标，《中共中央 国务院关于全面深化新时代教师队伍建设改革的意见》中明确提出："到2035年，教师综合素质、专业化水平和创新能力大幅提升。""教师主动适应信息化、人工智能等新技术变革，积极有效开展教育教学。"[①] 人工智能与教育深度融合的过程是新一代信息技术为学习高效赋能的过程。在新的技术应用场景下，师生关系将被重新塑造，教师要顺势而为，积极转变观念和角色，谋求合适的职业发展路径。

---

① 中共中央 国务院关于全面深化新时代教师队伍建设改革的意见[J]. 中国高等教育，2018（Z1）：4-9.

教师发展是一个不断自我反思、自我认知、自我否定、自我修正、自我提高、自我完善的循环过程，具有一定的复杂性和动态性。有学者根据一系列教师职业发展实证研究成果提出了一种教师专业成长的联动模型，该模型显示，教师发展来自四大不同领域间的多重循环互动，包括外部领域、个人领域、实践领域和结果领域。外部领域是指外界信息资源或触发因素；个人领域包括教师知识、信念和态度；实践领域指所有与专业活动相关的教学实践；结果领域体现显著的实践结果。四个领域由实践和（或）反思两种中介联结。

　　例如，某些外界信息或触发因素会影响教师的实践领域，促使教师开展教学实践等活动；教师通过反思活动促使其个人知识、信念和态度发生改变，再将更新的知识、信念、态度等付诸行动，反作用于教学实践活动；教师受外界信息的刺激而在知识、信念、态度等方面发生变化，经过教学实践后，反思由自己的教学实践带来的教学成效，并修正自己的知识、观念与态度。值得一提的是，此模型还强调了教师发展的外部环境，学校对教师发展的规划和支持都会对教师职业发展产生影响。

　　不少研究者认为，教师自身的学习与教学实践是教师职业发展的重要特征，学校、社区环境的支持也能够促进教师的学习与转变。根据上述教师专业成长的联动模型，在人工智能背景下，探索英语教师职业发展的路径要考虑三个重要因素：一是英语教师自身的专业知识、能力的提升和态度的转变，二是英语教师的反思与实践，三是学校方面提供的支持与保障机制。前两种因素属于教师发展的内部因素，学校方面的支持属于教师发展的外部因素。三者要发挥协同作用，共同促进人工智能时代下英语教师的专业成长。

（一）提升专业知识素养

　　有学者认为，教师整合技术、知识的能力要经历认知、接受、适应、探索和进阶五个阶段。这意味着在人工智能时代，就英语教师自身的发展而言，无论是知识结构的优化、教研能力和技术应用能力的提升抑或情感态度的转变都要经历一个循序渐进的过程。

英语教师职业发展的首要内容就是专业知识素养的提升。专业知识既包含内容知识和教学法知识，还包括用于信息加工、交互与问题解决的技术知识等。英语教师要遵循语言习得的内在规律和机制，探索先进的英语教学理论和方法以指导教学实践，特别是将智能技术与英语教学整合的学科知识，教师还要实时更新学科领域的新知识，以及与其他专业交叉融合的跨学科知识。英语教师可借助大数据和云计算技术对自己的知识水平进行精准分析，根据实际需求形成个性化的学习方案，利用中国大学慕课、网易公开课等数字化资源平台完善和丰富专业知识，提升专业素养。

英语教师需要在熟练运用智能技术的基础上，将技术融入英语教学设计和实施的过程中，并在教学实践中客观地看待人工智能的不足，从而在教学设计中予以弥补。目前，有各类线上教学平台、直播录播平台、虚拟仿真平台等，英语教师要结合本专业的教学目标，选择符合专业特点和学生使用偏好的教学平台，并借助智能平台优化教学资源，构建新型教学模式，或通过数据挖掘技术，针对不同类型的学生有的放矢地开展教学活动。当教师适应并胜任人机融合的教育形态后，要尝试将新的理念和方法付诸实践，完成人工智能所不能实现且具有一定创新意义的活动，使人机协同达到更高的境界。

面对人工智能的挑战，许多英语教师会表现得无所适从，这就需要英语教师树立主动学习的意识，以积极开放的心态和跨界思维适应人工智能技术在英语教学中的应用，并尝试探索技术的深入运用和创新，在行动中发展自己的教学信念或转变教学实践，实现从被动到主动、从消极到积极、从排斥到引领的转变。此外，英语教师在教学中要充分发挥教书育人的职能，对学生给予人文关怀，为学生的发展奠定基础。

（二）注重自身的反思与实践

教师发展的本质是一种建立在实践基础上的自我反思、不断验证的思维发展过程。有学者认为，教师发展过程即教师自我反思、自我更新的过程，这一观点强调了教师在教学中进行反思的重要性。

教学反思旨在促使教师凭借其实际教学经验的优势，在实践中发现问题，通过深入的思考与观察，寻求解决问题的方法和策略，以期达到自我改进、自我完善的目的。由此可见，在面对人工智能技术带来的教学变革时，教师要实现自我成长，反思过程必不可少。

英语教师要以自身教学实践为出发点，通过观察、分析、批判性思考等途径建构新的教学认知体系和行动方案。作为言传身教的示范者，教师在英语教学中要不断审视自身语言能力的发展情况，起到语言学习的示范作用，不断更新语言文化知识；作为价值观的传递者和引路人，教师要不断审视自身的职业观和价值取向，具备良好的职业道德素养；作为课堂的管理者，教师要反思自己是否合理利用了智能技术来进行课程设计、营造良好的课堂氛围；作为教学实践者，教师要反思是否将人工智能的相关理念与教学实践进行了合理结合，是否完成了教学任务，是否实现了教学目标。

只有不断地反思、学习、修正、改进，教师才能对自己的知识体系、教学能力、教学效果有一个全面、客观的认识，并将实践教学体系内化成一种系统的知识结构或科研反思体系，从而更系统地发现问题、反思问题并解决问题，更理性地指导教学实践——这是教师自身能力提升的重要一环，也是教师内涵式发展的重要体现。

英语教师可以利用大数据技术实时追踪自己的教学行为，并利用信息技术提供的便利条件养成撰写教学日志的习惯，对教学中的问题进行分析、思考与改进，并有意识地与他人进行交流、合作。人工智能技术为英语教师提供了很多与同行进行合作交流的机会，学校可以创建教、学、研共同体或学习社区，让成员定期开展经验交流和专题研讨活动，使跨学科、跨领域的思想相互碰撞，探索新技术下的教学研究路径，以科研反哺教学，形成科研和教学相辅相成的良性循环。

(三)学校要提供支持保障

在人工智能时代,除教师自身要进行自适应、自探索、自激励,学校还要从外部环境方面加强英语教师专业能力发展的顶层设计,为其提供保障机制。

首先,依托教学科研项目,形成英语教师发展的激励机制。人工智能时代,教学环境和教学要素等方面都发生了巨大的变化。学校可依托教学科研项目为教师发展搭建平台,引导教师转变教学思维,探索智能技术与英语教学的深度融合与创新之路;鼓励教师参加国家及省市举办的教师教学能力大赛,促使教师积极参与人工智能环境下的教学改革。

其次,利用智能信息技术构建英语教师发展的反思机制。反思是英语教师提高教学水平、实现职业发展的重要途径。人工智能技术为此提供了便利,相较于传统的纸质材料,人工智能技术能自动记录教师的教学行为并将其转化成更易读、易懂的可视化报告,学校可帮助教师建立电子成长档案,档案既能为教师提供在自我反思中要用到的指标,又能引入同行评价或专家指导等内容,展现教师发展的全过程。

最后,借助教师发展中心完善英语教师发展的培训机制。英语教师的专业胜任力提升不仅是个人行为,学校层面也要为教师提供软、硬件方面的支持及学习培训的机会,可以借助教师发展中心建立个性化培训机制。通过对本校英语教师智能化技术的掌握程度进行摸底调查,分析教师对职业发展的不同需求,分层、分级制订专题培训方案,培训内容要包括智能技术理论知识和技能培训。同时,要开展教学技术培训,从教学设计、教学实施、反馈评价等方面来提升英语教师的整合能力和创新能力。

此外,人工智能因其强大的数据、算法和应用场景等技术应用,将替代大量机械化和记忆性的劳动,为英语教学提供有效的支持和帮助。如何在新的教育生态下实现个人发展,是英语教师必须面对的重要问题。教师个体要在充分肯定自身价值的基础上,客观地认识人工智能给英语教学带来的变化,把工作重点放在人工智能无法取代的创造性工作和价值引领方面，更好地满足学生的个性化需求，促进学生的全面发展。

综上所述，教师要主动思考，具备自主学习、实践、反思、转变等一系列自我调节和与外界进行互动的发展能力。学校也要积极营造良好的环境，为英语教师的发展保驾护航。只有这样，才能保证英语教师在未来高度智能化的教育工作中占据一席之地。

参考文献

[1] 孟佳莹. 当代英语教学发展与教师职业素养培养的研究 [M]. 北京：北京工业大学出版社，2023.

[2] 陈彩芬. 大学英语教师职业发展困境与出路 [M]. 上海：上海交通大学出版社，2019.

[3] 杜淑萍. 大学英语教师职业发展与教师职业倦怠研究 [M]. 北京：中国原子能出版社，2016.

[4] 李俊丽. 互联网＋时代高校英语教学与教师职业发展研究 [M]. 长春：吉林大学出版社，2023.

[5] 杨乐. 高校英语教师专业发展与教学研究 [M]. 昆明：云南科技出版社，2023.

[6] 武书敬，房立敏. 信息时代我国英语教师发展研究 [M]. 天津：天津教育出版社，2011.

[7] 周晓航. 大数据时代外语教师发展研究 [M]. 北京：现代出版社，2020.

[8] 胡志雯. 教育信息技术与外语教师职业发展研究 [M]. 长沙：湖南大学出版社，2011.

[9] 史耕山. 中国高校外语学科定位与教师发展模式研究 [M]. 天津：南开大学出版社，2014.

[10] 吕乐. 外语教师职业发展中的教学和语言文学研究 [M]. 哈尔滨：黑龙江人民出版社，2006.

[11] 江淑燕. 双创背景下高校英语教师职业技能发展研究 [J]. 海外英语，2023（18）：94-96.

[12] 李惠敏. 基于核心素养的高校英语教师职业能力发展 [J]. 山西财经大学学报，2023，45（S1）：196-198.

[13] 吴莎. 学习共同体视角下新时代高校英语教师发展路径 [J]. 大学，2023（4）：149-152.

[14] 张艳. 基于文化自信下高校英语教师职业发展探究 [J]. 科学咨询（科技·管理），2022（4）：119-121.

[15] 雅茹. 内蒙古地区高校英语教师职业发展探究 [J]. 才智，2020（15）：116.

[16] 邹媛. 内涵式发展背景下高校英语教师职业发展研究 [J]. 湖北开放职业学院学报，2020，33（8）：153-154.

[17] 马艳红. "后大学英语时代"大学英语教师职业倦怠研究 [J]. 海外英语，2020（5）：11-12.

[18] 谭浩洁. 应用型本科高校大学英语教师职业发展方向 [J]. 开封教育学院学报，2018，38（11）：48-50.

[19] 朱倩. 研究型教学视阈下的高校外语教师专业发展 [J]. 辽宁工业大学学报（社会科学版），2018，20（4）：104-107.

[20] 王飞. 基于"整合技术的学科教学知识"的英语教师职业发展策略 [J]. 武汉工程职业技术学院学报，2017，29（4）：100-102.

[21] 单琳涵. 中国大学英语教师坚毅品格及其对职业发展影响的研究 [D]. 济南：山东大学，2021.

[22] 庞妮. 中国高校英语专业教师职业发展研究 [D]. 济南：山东大学，2019.

[23] 陈莎. 民办高校公共英语教师职业发展困境及对策 [D]. 南昌：江西财经大学，2018.

[24] 周纯岳. 大学公共英语教师职业发展困境及其消解路径选择：一项个案的研究 [D]. 大连：辽宁师范大学，2016.

[25] 刘家兵. 自我更新理论在英语教师职业生涯发展中的应用研究 [D]. 哈尔滨：哈尔滨师范大学，2018.

[26] 姚丹萍. 叙事视角下中外大学英语教师职业认同构建的个案研究 [D]. 无锡：江南大学，2017.

[27] 应彩灵. 从专业发展的角度探究初任英语教师的职业情感 [D]. 武汉：华中师范大学，2016.

[28] 陈望京. 大学英语教师专业发展的个案研究 [D]. 武汉：华中师范大学，2014.

[29] 杨亚妮. 甘肃大学英语教师社会支持、职业幸福感与专业发展的关系研究 [D]. 兰州：西北师范大学，2013.

[30] 张雅毅. 大学英语教师自主专业发展研究 [D]. 西安：西安工程大学，2013.